中公新書 2842

金山泰志著

近代日本の対中国感情

なぜ民衆は嫌悪していったか

中央公論新社刊

はじめに

日本近現代史研究の核心

「あの悲惨な戦争を二度と繰り返してはならない」。アジア・太平洋戦争の日本にとっての終戦月である八月、そのような趣旨のテレビ番組が連日放送される。戦争の記憶の継承は大事である。同時に、どうしてあのような戦争の惨禍が起こったのか、その要因を問い直し続けることが必要であり、それは日本近現代史研究が担う大きな役割でもある。

近代日本でなぜ戦争が起こったのか。その要因は多岐にわたるが、一つに戦前の日本社会で共有されていた支配的な民衆感情の存在があげられる。当時、日本の戦争は、多くの日本人が賛同していたものであり、その認識を支えていたのが、日本社会で漠然と共有されていた民衆の対外感情だった。

たとえば、一九三七（昭和一二）年七月に始まる日中戦争であれば、日本民衆の中国へのネガティブな感情が、四一年一二月に始まったアジア・太平洋戦争であれば、日本民衆のアメリカへのネガティブな感情が、日本の戦争への歩みを支持していたといえる。日本戦前日本の対外感情を問い直すことは、戦後八〇年を迎えようとする今日、将来の対外関係を考えるためにも重要な課題となる。

なぜ中国か

日本の対外感情といった場合、眼差《まなざ》しの対象として、アメリカ、イギリス、朝鮮、インドなど、さまざまに考えられるが、本書は「中国」に着目する。

周知の通り、近代日本の軌跡は、日清戦争・北清事変・対華二十一ヵ条の要求・満洲事変・日中戦争などに象徴されるように、中国との対立の歴史でもあった。日本の近現代を通して、中国は「大いなる他者」「忘れ得ぬ他者」であり、中国の存在を抜きにして、日本の過去も将来も語ることができない。

日中関係史を紐解こうとする場合、焦点となるのが日本人の中国観だ。日本人が中国・中国人のことをどのように見ていたのか。「中国観」「中国認識」「中国像」などとさまざまな用語で表現される中国に対する日本人の眼差しは、日本の対中政策及び対中行動を考えるうえで重要な要因となる。これまで多くの日本人及び中国人研究者が、「日本の中国観研究」を行ってきた。ただし、その蓄積の多くは知識人たちの言説分析であり、一般民衆の対中国感情（以下、対中感情と略す）に着目した研究は行われてこなかった。

本書では、この中国に対する日本人の一般民衆の眼差しを、「好き・嫌い」「良い・悪い」といった感情レベルで見ていきたい。

感情への着目、「少年雑誌」という史料

近年、注目される感情心理学は、人間のあらゆる認識や行動には感情が伴っていると指摘する。いま、手許にあるスマホで「中国」と検索すれば、中国に対する「低劣」と言わざるを得ない過激な言説（特にSNS）がいくらでも目に飛び込んで来る。ただ、これを「低劣」だとあっさり切り捨ててしまってよいのだろうか。近代日本の戦争に至る足跡を考えてみても、感情剝《む》き出しの表現が社会に蔓延《まんえん》し時代を動かしていた。本書を通読することでその様相を追体験できるようにしていきたい。

さらに、現在の中国観を歴史的に相対化する意味でも、近代（戦前）日本の中国観は感情レベルに着目する必要がある。ちなみに、二〇二三年の日中共同世論調査では、中国に対して「良くない」印象を抱いている日本人の割合は「九二・二％」にものぼる。SNSなどのインターネットメディアでの感情的な言説も含めれば、現在の中国観の多くが感情レベルで語られている状況にある。

感情レベルの中国観を明らかにするうえで、本書では近代日本で刊行された少年雑誌のビジュアル表現（挿絵・漫画・写真）に注目する。少年雑誌は、歴史学の領域であまり注目されてこなかった史料であり、民衆感情を捉えるうえで有用な史料であることはあまり知られていない。子ども向けの娯楽メディアである少年雑誌には、わかりやすい善悪二元論でエンターテイメント化されたものが溢《あふ》れかえっている。特に中国との敵対時には、きわめて先鋭的な形で敵愾心《てきがいしん》や蔑視《べっし》感情が誌面に表出し、中国・中国人に対する感情的な表現を読み取ることができる。

一方、戦前の少年雑誌は、小説や漫画などの娯楽的要素だけでなく教育的要素も併《あわ》せ持ち、学校教育の補助的役割も果たす修養書としての側面も担っていた。当時の子どもたちにとって中国は遠い世界であり、教科書などを通じてしか知らない世界だった。編者・記者である大人たちは、少年雑誌を準教科書的に使って、子どもたちに中国・中国人とはどのような国であり人柄なのかを教えようとしたわけだが、その際、ビジュアル表現が添えられた娯楽的な読物（物語）や漫画、写真などを通じて、感情的かつ印象的に中国・中国人を紹介することになる。

また、少年雑誌の挿絵・写真の多くは、誌面の文章記事に添えられ、漫画には台詞《セリフ》である文章が付されている。少年雑誌を史料とすることで、中国・中国人がどのように表現されているのかを、ビジュアル史料と文字史料から複合的に見ていくことができる。

本書では、明治・大正・昭和戦前期に最も有力だった少年雑誌を時代に合わせて選定する。二一世紀現在、最も発行部数の多い少年雑誌は『週刊少年ジャンプ』だが、それぞれの時代に現在の『少年ジャンプ』のような有力雑誌が存在していた。その詳細は各章で紹介する。

本書の特徴

以上のように、本書は次の三点を特徴とする。

①従来の中国観研究が対象にしてきた知識人層ではなく民衆の対中感情に着目する。
②知識人層が執筆した記事や書物といった文字史料ではなく、少年雑誌の挿絵や漫画、写真といった非文字史料＝ビジュアル表現に着目する。
③明治・大正・昭和戦前期という長期間（一九世紀後半〜二〇世紀前半）にわたる一般民衆の対中感情の包括的把握を行う。

先述したように、日本の中国観研究の蓄積は膨大である。歴史学に限らずさまざまな領野から研究が行われているが、その多くは知識人を対象としたものである。また、「日清戦争期」「日中戦争期」といったように時代が限定され、近代日本を見通した包括的な研究は少ない。論文ではなく、本という形で中国観をまとめるのであれば、この点は是非とも押さえておきたい点である。もちろん、少年雑誌だけで一般民衆の感情をすべて捉えることはできない。ただ世論調査がないこの時代、民衆感情を捉えるうえで、その大きな一助になると考える。

一方、本書で取り上げるビジュアル史料は、現代では中国人への差別や偏見に満ちたものが多い。近代日本では、こうした差別と偏見に満ちた表現がメディアに溢れ、学齢期の少年向きの雑誌にさえ掲載されてきた。本書は、これらを歴史史料として提示し、多くの民衆がこれらを目にし、強く影響を受けたことを伝えたいのだが、読まれ方や史料の切り取られ方によっては、差別や偏見が助長される危険性をはらむセンシティブな内容を多分に含んでいる。

そのようなリスクを踏まえたうえで、本書が専門書ではなく、より多くの人が手に取る新書という形で出版されることに何よりの価値があると考えている。たとえば、昨今のネットの言論空間（特にSNSなど）を見ていると、「日本には差別なんてなかった」といった記述を目にすることがある。そういった歪んだ歴史認識の反証として、実証的かつ近代日本を包括的に見通したものが、新書という形でコンパクトにまとまっていることの意義は大きいはずだ。また、ネットメディアによって感情が煽動される現代日本では、たとえばヘイトスピーチの問題などを考える際、過去のメディア（少年雑誌）が侮蔑《ぶべつ》感情を煽《あお》っていた様相を見ていくことで、物事を相対的に捉える視点を養うことにもなるだろう。

差別や偏見といった排他的な感情は、国や社会が危機に直面した際や、将来への不安が増幅した状況で顕著に表れる。そのような危機的状況に陥ってしまう前に、過去の排他的な感情をいま、見つめ直しておく必要があるのではないだろうか。

以下、本書では少年雑誌のビジュアル史料を中心に扱っていくが、歴史学では「史料と史料の突き合わせ」も大事である。他メディアのビジュアル史料も比較参考として適宜紹介したい。少年雑誌のみを史料として扱うと、「それは少年雑誌に限った話ではないか」との批判を免れ得ないためである。では、多くのビジュアル史料とともに、近代日本の対中感情の様相を見ていこう。

目次

第2章 「一等国」意識の大正期――「負」の象徴と「日中親善」の声

第3章　満洲事変・日中戦争の昭和期——慢心と嘲笑

DTP・市川真樹子

近代日本の対中国感情

凡例

・本文及び図版には、現在では不適切な表現が含まれているが、当時の時代状況を反映した用語として、あくまで史料としての正確性を期するためであり他意はない。
・本書では読みやすさを考慮して、引用文中の漢字は原則として新字体を使用し、歴史的かな遣いは現行のものにした。また、現在ひらがなで扱われるカタカナはひらがなに、踊り字もひらがな及びカタカナに改めた。難読漢字にはルビを追加し、長文には改行を入れた。
・本書では、「中国」を「中華人民共和国の略称」としてではなく、漢・隋・唐・元・明・清・中華民国など、歴代の中華王朝・政権を越えた「通史的な呼称」として使用する。近代日本では、歴代の中華王朝・政権の名を超えた通史的な呼称として「支那」が使用されていたが、現在は「侮蔑的な意味合いを含める呼称」として認識され、「中国」の呼称が一般化している。
・辛亥革命前（一八九〇年代〜一九一〇年代初頭）の中国人への呼称は、清国人・清国兵（清兵）が正しいが、本書では中国人・中国兵で統一した。
・［　］や史料引用中の傍線部は、筆者による補足である。
・敬称は略した。

第1章　日清・日露戦争の明治期

――同時代中国への蔑視

1　反中感情の高揚、激化する敵愾心――日清開戦

一八九〇年代、代表的な少年誌

一八九四（明治二七）年に勃発した日清戦争は、日本人の中国観を大きく変えた重要な歴史的事件だった。

一八八〇年代以降、朝鮮半島をめぐる日中間の緊張関係が高まるなか、日清戦争の火《ひ》蓋《ぶた》は切られた。近代以降、日本が初めて経験する外国との戦争は、多くの日本人の関心を集め、新聞・雑誌・講談・演劇といったさまざまなメディアが日清戦争を話題にする。当然、敵対国側の中国人の情報は、その多くが過激な言説を伴いながら紹介された。

それは、少年雑誌でも同様だった。むしろ、子どもの娯楽という側面のある少年雑誌は、大人向けのメディア以上にわかりやすい善悪二元論で日清戦争を語り、中国人に対する敵愾心を、エンターテイメント化、かつ単純化して表現する。

1－1『小国民』表紙（1895年2月1日号）．菊判，56頁，1冊3銭．
アメリカの児童雑誌をモデルとし，少年読者の教育を目的とした総合的な少年雑誌

1－2『少年世界』表紙（1895年4月15日号）．菊判，108頁，1冊5銭．
出版元の博文館が『幼年雑誌』『日本之少年』といった従来の少年雑誌を統合して創刊．教育理念の追及にとどまらず，資本主義的経営にも即した少年雑誌だった

日清戦争をはさんだ一八九〇年代の代表的な少年雑誌には、『小国民』と『少年世界』がある。

『小国民』は学齢館が一八八九年に創刊した少年雑誌、『少年世界』は博文館が九五年に創刊した少年雑誌である（1-1、1-2）。両誌の主な読者層は小・中学生であり、その内容は「論説」「教育」「娯楽」「雑録」「読者投稿」など多岐にわたる。

注目すべきは、両誌ともに、口絵や挿絵を重要視していたことである。口絵や挿絵といった

ビジュアル要素は、雑誌の売れ行きを左右し、子どもたちを楽しませるには、何よりも絵が効果があることは、編集者（大人）たちの共通理解だった。

『小国民』では、尾形月耕・小林清親・富岡永洗など著名な画家に加え、まだ無名だった小堀鞆音《こぼりともと》・尾竹国観といった画家たちを登用している。『少年世界』でも、武内桂舟や中川葦舟、水野《みずの》年方《としかた》、浅井忠などが描いていた。

　日清戦争が勃発すると、戦争中に創刊された『少年世界』では言わずもがな、『小国民』でも戦争記事が急増し、敵国中国・中国人に関する記事が数多く掲載される。

1-3　日本人に踊らされる弁髪姿の中国人『小国民』1893年2月1日号

「豚尾」――同時代の中国人を描いた挿絵

　1-3は、日清戦争前の『小国民』（一八九三年二月一日号）に掲載された「少年狂言」という記事の挿絵だ。

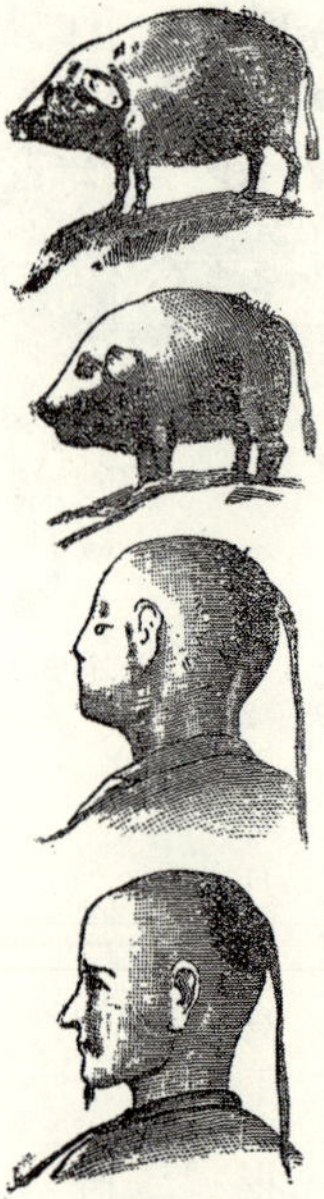

1‐4　豚の尻尾が中国人の弁髪に『小国民』1895年5月1日号

この狂言作品のなかには、日本人（岸田吟香）と「支那人」が登場するが、その「支那人」の容姿を「尋常《じんじょう》の支那服、例の豚尾《チャンチャン》髪をぶらぶらさせて出《い》ず」と紹介する。「豚尾《チャンチャン》」とは、中国人（清国人）の象徴たる弁髪を豚の尻尾《しっぽ》と蔑《さげす》んだことに由来する（1‐4）。日清戦争を契機にあらゆるメディアに頻出する蔑称だが、すでに日清戦争前から使用されていた。

注目すべきは「例の豚尾髪」という表現だ。一八九三年時点の日本ですでに、中国人を象徴するトレードマークとなっていたことが読み取れる。

1‐3の話は、日本人が「支那」の主人から日本の歌を所望され、『からびとの、こゆびのつめがばからしく、ながくもここは、いられざりけり』『しなびとの、あたまのかみのぶらぶらと、いつまでここにぶらつきおらん』と謡《うた》う。日本語がわからない「支那人」はこの歌にのせて踊らされてしまう、といったものだ。

小指の爪を伸ばすという中国風習及び、弁髪という身体的特徴を「ばか」にした内容であり、日清戦争前から同時代の中国人への否定感が露《あら》わになっている一例である。

ネガティブな対中感情の日本への浸透は、既存の研究では日清戦争の影響が大きいとされるが、日清戦争前からすでにこのようなネガティブ描写はあった。壬午軍乱（一八八二年）や甲申政変（一八八四年）など、朝鮮半島をめぐる中国との緊張関係のなかで、戦争前から日本人の中国人に対するネガティブ感情は燻《くすぶ》っていた。

1－5　家畜扱いされる中国人『小国民』1894年7月15日号

戦争勃発、激しくなる敵愾心

日清戦争は、七月二五日の豊島沖《ほうとうおき》海戦で実質的に始まり、八月一日に宣戦布告が行われる。両国の海軍が激突する直前に刊行された『小国民』（一八九四年七月一五日号）に掲載された「馬乗ごっこ」（1－5）の記事は、当時の敵愾心《てきがいしん》の高揚ぶりを如実に表している。

記事の冒頭、日本少年の「チャンチャンを、斯《こ》うふんづかまいて、馬乗《うまのり》ごっこは面白いです。シッ！シッ！、此畜生《このちくしょう》、馳《は》せろ馳せろ」という過激な台詞から始まる。いま見るとその唐突さに戸惑うが、読者である当時の子どもたちは戦争直前の日中間の緊張関係をこの記事から読み取っていたのだろう。ちなみに「チャンチャン」とは、先述したように「弁髪＝豚尾」の清国人＝中国人を指しているが、元々は、江戸時代に中国風の服装をして、町中で鉦《かね》をちゃんちゃんと叩きながら飴《あめ》を売り歩いていた者の、その鉦の音から出た語といわれている。それが後に転じて「支那人」自身を意味する言葉になった。

挿絵の日本少年は、中国人に馬乗りし、弁髪を手綱《たづな》代わりにする。敵愾心の高揚によって、中国人を「人」ではなく、「家畜」に類するものとして扱うようになっている様子が読み取れる。その他、弁髪を揶揄《やゆ》した描写は、日清戦争中の『少年世界』からも確認できる（1‐6）。

特筆すべきは、その憎しみの対象が、中国兵に限定されることなく、中国人一般にまで広がっていることだ。この点は、第3章の日中戦争と大きく異なる。繰り返すが、日清戦争は、近代日本史上初めての対外戦争だった。中国兵と一般の中国人を区別する余裕などなかった。戦争とほぼ同時に和平工作の動きが見られる一九三〇年代の日中戦争とは大きく異なる。

たとえば、日清戦争中に「支那人」を紹介した『小国民』の記事（一八九四年八月一日号「西国巡礼」）は、「其下卑《そのげひ》不潔にして、吝嗇《りんしょく》（＝ケチ）なるは、恐《おそら》くは、世界上に其比《ひ》なかるべし」と辛辣《しんらつ》だ。その「吝嗇」の根拠として、長崎のとある商店の中国人が、商品の売り上げのいくらかを必ず貯金するために、通貨として再び使用できないよう銀貨をハサミで真っ二つに切り、地金としてこれを本国に送っている、と紹介する。

1-6　弁髪が絡まり身動きが取れず，日本兵に笑われる中国人　『少年世界』1895年3月15日号

「お金に汚い」というイメージも、日清戦争中に繰り返される中国イメージだ。『小国民』（一八九五年一月一五日号）の「戦地雑聞」では、兵士ではない「清人」が「死体の衣嚢《いのう》（＝ポケット）をさがし、金銭等を拾集《しゅうしゅう》する」様子を紹介する。ここでも、「同胞の戦死を幸《さいわい》とし、小利《しょうり》に汲々《きゅうきゅう》たる薄情《はくじょう》憎むべし」と、敵愾心に結び付けられている。

当然、直接交戦している中国兵に対する敵愾心はさ

1－7　中国兵の顔を見ると……『小国民』1894年12月1日号

らに強い。「豚尾奴《チャンチャン》の卑怯《ひきょう》未練《みれん》なる振《ふる》舞《まい》を大笑いに笑い遣《や》らんが為《ため》に作りし」手鞠歌《てまりうた》が『小国民』（一八九五年二月一日号）に掲載されているが、その挿絵では手鞠歌が中国兵の頭になっている。手鞠歌の内容も「人と生れし甲斐もなく、豚と呼ばるる憐《あわ》れさよ」「乞食《こじき》兵士」「欲に目の無い」「臆病」など、否定的表現を鏤《ちりば》めている。これが少年雑誌に掲載されていたのだ。

1－7は、「日本兵VS中国兵」を描いた挿絵だが、よく見ると中国兵の顔には「不勉強」「卑屈」「怠」などの文字が刻まれ、中国兵を「負の象徴」のように描いている。

このように、戦争による対中関心の劇的高揚と激しい敵愾心によって、中国人の性格や性質、行動が取り沙汰され、ネガティブな感情が向けられていた。

また、敵国への憎しみの感情は、敵国人の非道な行動が報道されることで一気に爆発する。「文明対野蛮」の戦争と位置付けられた日清戦争では、中国兵の野蛮ぶりを特に強調する。

1-8　**中国人の野蛮な行為を強調**『小国民』1894年11月15日号

『小国民』（一八九四年一一月一五日号）に掲載された「清人の野蛮」は、その象徴たる記事である。中国兵の日本人に対する「切歯《せっし》に堪《た》えざる」虐殺を、「我が忠勇なる将士の、或《あるい》は戦死し、或は傷《きず》きて動く能《あた》わざる者を捕え鈍刀にて其首と手腕《てくび》とを斬り去れり」と紹介する（その挿絵が1-8）。さらに「ああ彼等〔中国兵〕の肉を嚙《か》み骨を裂《さ》くも尚恨《なおうらみ》ある惨事《さんじ》ならずや」と怒りを露わにしている。

その「憤怒」の感情は、「十把《じっぱ》一束《いっそく》」（『小国民』一八九五年二月一日号）という記事の挿絵に反映されている。

「十把一束」とは「一つ一つ取り上げるほどの価値がないものとしてひとまとめに扱うこと」という意味だ。あまりに残酷な挿絵なのでここでは出さないが、中国兵の生首が「価値のないもの」として乱雑にまとめられ、首から滴り落ちる血の表現からは激しい敵愾心を一目で読み取ることができる。

あらためて強調するが、このような記事や挿絵が子ども向けの雑誌に掲載されていたのである。

創作上の世界での「嘲笑」

一方、少年雑誌には、戦争に関する記事だけでなく、もちろん娯楽記事も数多く掲載されていた。明治期の少年雑誌界の王者『少年世界』では、巌谷小波《いわやさざなみ》という当時のスター作家による小説やお伽噺《とぎばなし》が読者の人気を博していた。現代における『週刊少年ジャンプ』で「ワンピース」を描く尾田栄一郎のような存在だろうか。

日清戦争が勃発すると、この小説やお伽噺にも戦争の影響が及ぶ。「正義対悪」という勧善懲悪的な物語を構成するうえで、日本対中国という対立構図の戦争は好題材であり、子どもの敵愾心を宣揚《せんよう》するうえでも効果的だった。

日清戦争中に掲載された巌谷の小説に「駄法螺《だぼら》」（『少年世界』一八九五年二月一五日号）がある。駄法螺はこの小説の登場人物の一人で、法螺貝《ほらがい》を擬人化し、中国兵に見立てている。「くだらないほら」「でたらめで大げさな話」という意味の「駄法螺」という名称からも、否定的に描かれていることは明らかだ。

　作中で描かれる駄法螺は、ぐうたらでだらしなく、最終的には日本兵に見立てた喇叭《ラッパ》大将にやられてしまう。その喇叭大将の台詞には、当時の日本の対中感情を代弁するかのように、「見よ彼《かの》駄法螺を！徒《いたず》らにムクムク然《ぜん》と肥《ふ》太《と》って、進退の遅鈍極まる、到底文明の今日《こんにち》に、吾々《われわれ》と肩を並ぶべき者でない。されば此《こ》の義戦を機とし、野蛮不潔の駄法螺をば、只《ただ》の一ト吹《ふき》に吹き飛ばしてしまえ」と見える。喇叭大将（日本）が駄法螺（中国）を「傲慢」「無礼」「遅鈍」「野蛮不潔」と徹底的に罵《ののし》っている様は、当時の日本人の中国人に対する態度そのものだ。

　1－9は、巌谷の小説「あやまり小法師《こぼし》」の挿絵だ。

1－9　起き上がれない豚＝中国『少年世界』1895年４月15日号

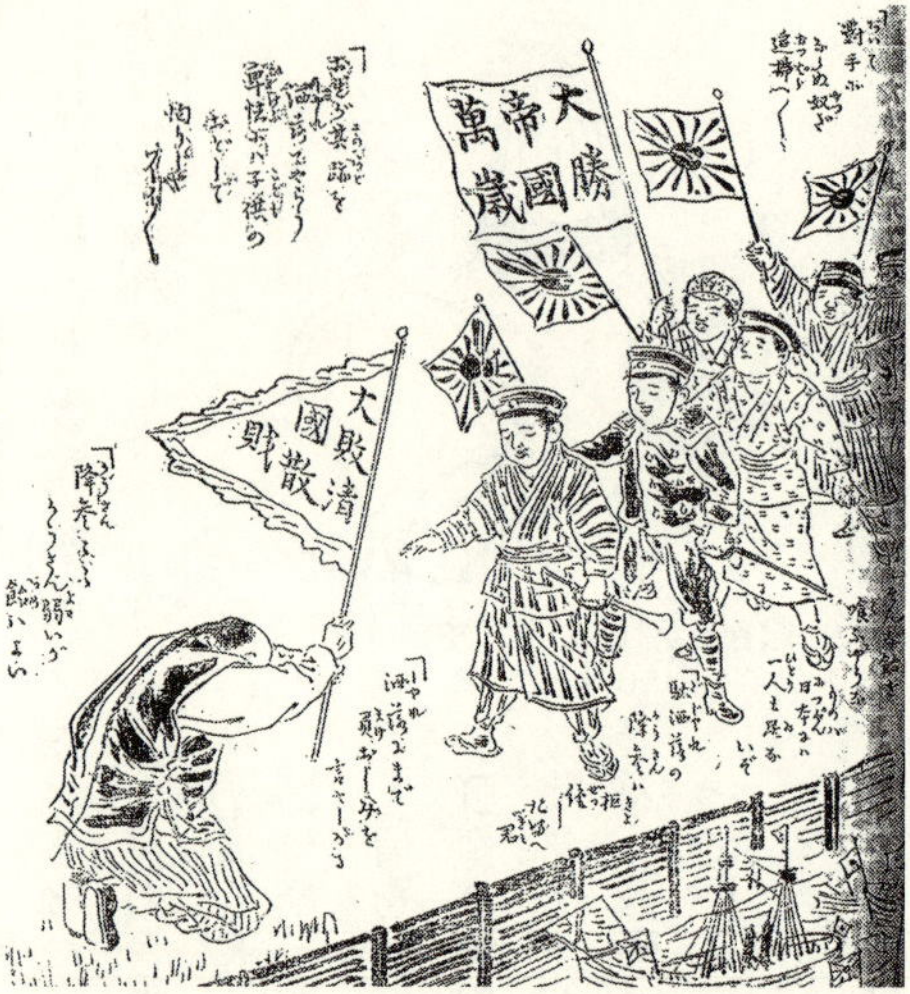

1 -10 跪き許しをこう中国人『少年世界』1895年 4 月 1 日号

「豚」の起き上がり小法師《こぼし》が中国、「武者」の起き上がり小法師を日本として描いている。作中の豚の起き上がり小法師は、何度やっても起き上がらないので、「あやまり小法師」と呼ばれてしまう。起き上がれない理由は、「出来が悪い」からだとし、「形が不格好《ぶかっこう》に大きくばかりあって、肝腎《かんじん》の脚に力がない」と説明する。

　これらの小説やお伽噺の寓意《ぐうい》は、「日本の強さと中国の弱さ」で一貫している。そして、そこで描かれる中国・中国人は、さまざまなネガティブ評価とともに、情けなく滑稽《こっけい》に描かれる。戦争勃発当初の激しい敵愾心は、日本軍の連戦連勝の様子が各種メディアで盛んに報じられると、中国人に対する「嘲笑《ちょうしょう》」となっていく。

たとえば、下関での講和条約調印間近の『少年世界』(一八九五年四月一日号)では、「豚尾」の愚鈍なる行動を集めて少年たちの「お笑いぐさ」とした「本家本元 清朝二十卑怯」が特別付録となる。1-10は、ここでの挿絵だが、膝をつき日本少年に降伏するその姿は、日本と中国の力関係を象徴するものだろう。

少年雑誌では、実際の戦況を伝える時事的記事に加え、娯楽的要素の強いお伽噺や小説までもが日清戦争を取り上げ、読者の対中感情に与えた影響は大きかった。

「豚」とする表現

先にも紹介したが、当時の中国を「豚」に譬《たと》える例は多い。それは、中国料理で豚が重要な食材だったことも偶然ではないだろう。

他にも、次のような「豚追」(『小国民』一八九四年一二月一日号)を紹介した記事がある。日清戦争開戦以来、豚を遊技場に解き放って、子どもたちが竹刀《しない》をもってこれを追いかけて打つという遊びが日本各地で流行しているという。その様子を描いた挿絵が、1-11である。

この記事では、中国人＝豚の根拠として、「支那《チャンチャン》蛮人の豚に似たるは、独《ひと》り其弁髪

1-11 豚を追いかけ回す遊び『小国民』1894年12月1日号

の尾を類するのみには非《あら》ず、彼《か》れの不潔を愛し、彼れの粗食《そしょく》に甘んじ、彼れの愚にして無能なる、又至《いたっ》て臆病なる、皆能《よ》く醜豚《しゅうとん》に似たり」と説明する。

注目して欲しいのが、「支那」に「チャンチャン」のルビが振られている点である。先行研究のなかには、「支那」は侮蔑語ではないとするものもあるが、このように侮蔑的意味合いを込めて使用されていた例もある。

「支那」に侮蔑的意味合いが込められていたか否かについては、「支那」という言葉が使用されていた近代日本で、「支那」及び「支那人」がどのように語られていたのかを総体的に把握することが必要だろう。「支那」という言葉とともに、何らかの否定的表現や否定的評価が付随している例は、本書が取り上げるものでも数多く見られる。

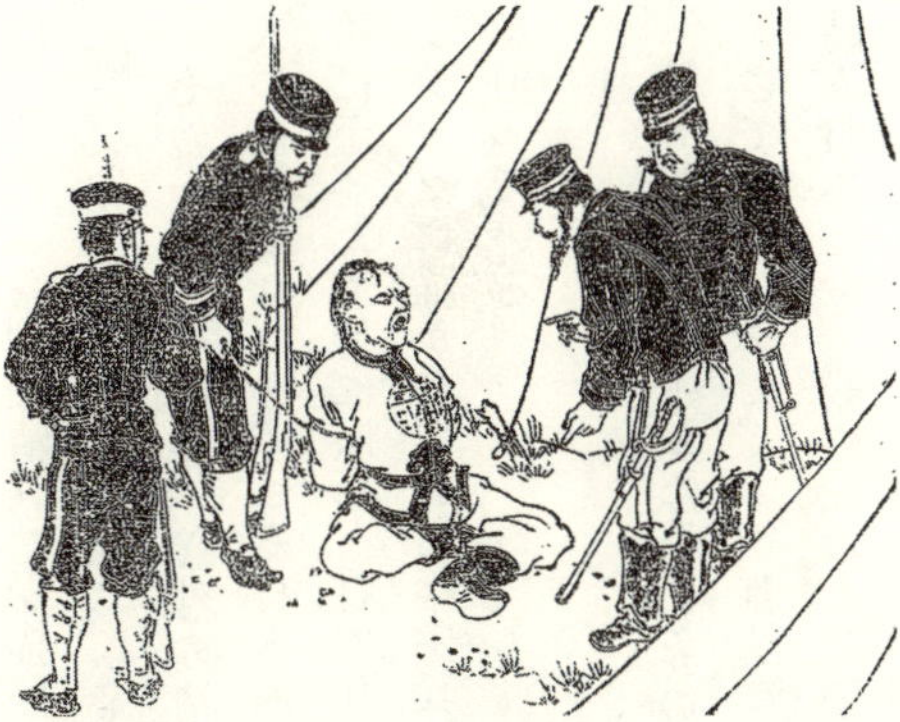

1-12 凛々しく描かれている中国兵『小国民』1895年2月1日号

「義烈の清兵」——ネガティブでない中国兵

他方で、『小国民』（一八九五年二月一日号）に掲載された「義烈の清兵」は、侮蔑とは違った記事である。ここでは、「一個人として支那人の強きこと、中々我が日本人も及ばざること多し」「彼等が戦争に敗《ま》けるは、軍隊の組織がよろしからず、大将の号令一致《ひとつ》ならず、平生《へいぜい》の訓練行《ゆ》き届からざる等に基《もと》づくなり」「我が小国民諸君、努々《ゆめゆめ》彼を弱いものなぞと思い侮《あなど》りて油断し給《たま》うべからず。諸君が成長の頃には、彼等如何《いか》なる勁敵《けいてき》となるやも測《はか》り難《がた》し」と、冷静な筆致だ。事実、その数十年後の日中戦争では、中国兵はまさしく「勁敵」となっていた。

この記事では、捕虜となっても頑として口を割らず、速やかに死を望む「戦争中敵ながらも義烈」な中国兵がいたことを紹介する。1-12

は、その「義烈な清兵」を描いたものだ。これまで取り上げてきた中国兵とは異なり、「敵兵ながら感ずべき勇士」であれば、敵国人であっても凜々《りり》しく描かれている。

その一方で、その「義烈の清兵」を認めるのは、「彼は敵兵なれども、義勇の士、軍人の模範たり」と述べる日本人の少佐だ。また、最終的に「義烈の清兵」は、日本が戦争に至った道理に服し、日本兵の「懇切なること」に感謝するに至っている。一見、ポジティブに描かれている中国兵だが、日本兵の正義や優秀性をいっそう際立たせる効果を担っている。

読者投稿欄——少年たちのなかの中国

さて、ここまで、少年雑誌に掲載されていたビジュアル史料と添えられた文章を、当時の日本社会一般に浸透していた対中感情の反映として読み取ってきた。もちろんこれについては、「それはあくまで少年雑誌の送り手側、つまり編集者や記者といった大人の中国観に過ぎないのではないか」という批判があるだろう。

その批判への答えの一つにもなるのが読者投稿欄だ。ここからは、少年雑誌の受け手、すなわち読者＝子どもたちの対中感情もうかがいしることができる。もちろん、本当に子どもが投稿しているものなのか真偽の判断は難しい。剽窃《ひょうせつ》も多くたびたび問題となっている。さらに投稿の採否を決定するのも編集者だ。読者の対中感情がそのまま素直に反映しているとは限らない。だが、読者の見解の一端であることは間違いない。

明治期の少年雑誌の読者投稿欄は、懸賞文や笑い話といった作文が主体であるため、残念ながら読者による絵の投稿は少ない。ここでは参考として、読者が笑い話を投稿する『小国民』の読者投稿欄「笑林」に掲載されていたものを紹介したい。

『小国民』（一八九五年二月一日号）の「笑林」は、宮城県の島津清次郎が投稿した「支那兵の衣服」というタイトルの笑い話を掲載している。

豚兵《チャンチャン》の衣服《きもの》の胸に、丸くつけてある紋《しるし》は何でしょう。あれは、日本兵の鉄炮丸《てっぽうだま》をうける的《まと》さ。

読者が実際に「チャンチャン」という蔑称を使用している点に加え、中国兵の服装を揶揄しつつ、その弱さを嘲笑している。「衣服の胸に、丸くつけたる紋」とは、1－8や1－12に見える中国兵の上衣にある丸紋のことだろう。

同じく『小国民』(一八九五年四月一日号)は、千葉県の木原正作が投稿した「開化」という笑い話を掲載している。

二人の小国民《こども》が、頻《しきり》に日清戦争の話をして居る所へ、老婆側《わき》より声をかけ、お前達は大層トンビトンビというが、一体何のことだい。小供対《こどもこたえ》て、豚尾とは毛唐人《けとうじん》のことです。老婆驚いて、開化すればするもんだ。毛唐人の畜生《ちくしょう》めが、鳥に成《な》った。

この投稿文は「鳶《とんび》」と「豚尾《とんび》」をもじった笑い話だ。これが笑い話として機能していることが、当時のネガティブな対中感情の日本社会一般への浸透ぶりを裏付けているともいえる。

ここで紹介しておきたいのが、先に紹介した巌谷小波の日清戦争中の作品である。巌谷は、「駄法螺」「あやまり小法師」以外にも、日清戦争の影響を受けた作品をいくつも『少年世界』に発表している。「鳶ほりょ、りょ」(一八九五年一月一五日号)もその一つだ。作品の最後は、鳶の鳴き声(ほりょょりょ)をもじった「鳶(=豚尾)、捕虜、虜」という掛詞《かけことば》の洒落《しゃれ》でしめくくられる。先の木原正作が、著名な巌谷小波によるこの作品の影響を受けたかは判然としないが、少なくとも当時、大人も子どもも「鳶」と「豚尾」をもじって敵国を嘲笑していたことは確かだろう。

こういった創作作品の影響力については、童話作家の安倍季雄（一八八〇～一九六二年）の貴重な証言がある。

私が初めて巌谷先生の作品に接したのは、明治二十七八年頃、日清戦争の最中であったと記憶する。〔中略〕お伽噺といえば桃太郎、花咲爺しか知らなかった田舎の少年にとって、新味に富める巌谷先生の作品が、最大級の驚異と感興《かんきょう》を以《もっ》て迎えられた事は想像するに難くない。私は薄暗いランプのかげで同じ作品を何度も何度も繰返し繰返し読んだ事を記憶して居る。

その中で、今でも猶《な》お私の頭に残って居る先生の作品は、「鳶ほりょりょ」である。日清戦争をあてこんで、豚尾捕虜々ときかせた先生の当意即妙なる命題と、平易軽妙なる筆致は、当時一小学生であった私の敵愾心、愛国心をどれだけ強く煽ったか知れなかった。

（『小波先生：還暦記念』一九三〇年）

安倍のように、巌谷作品を読んで敵愾心を強く抱いた読者は、少なくなかっただろう。

敵愾心の強さが、愛国心の強さの証明に

この敵愾心の強さは少年雑誌では称賛されるべきものだった。

『小国民』（一八九四年一二月一日号）の「清人の面目」という記事では、連行されてきた捕虜の中国兵に対し、日本の子どもたちが「チャンチャン坊」と巡査憲兵の制止もきかずに怒鳴っている様子を「カアイらしき敵愾心の発顕《はっけん》なり」と誉《ほ》め、「本邦人は、大人となく小児《しょうに》となく、一般に愛国心の強きこと斯《かく》の如くなるに、翻《ひるがえ》って清国人を見る時は、実に笑止に堪《た》えざる者あり」と指摘する。子どもたちが使用する「チャンチャン坊」などの蔑称が可愛らしい敵愾心の発露として、また愛国心の強さの一端として好意的に評価されている。

当時、中国へのネガティブな記事で誌面を埋め尽くすことは、その雑誌が愛国心溢れるメディアの証明であり、読者が投稿などで中国人への蔑称を使用するのも、愛国心の強さの証明だった。

愛国心の強さは現在でもポジティブなものとして捉えられることが多いが、それは自

国以外の国に対する蔑視や優越感と分かちがたく結びついている。国際社会で生きるうえでは、そのことに自覚的である必要がある。

孔子、関羽、張飛――古典世界のなかの中国人

さて、話を少年雑誌の中国人描写に戻そう。

これまでは、同時代の中国人を扱った中国関係記事を紹介してきた。他方で、明治期はいわゆる「漢学愛好」の雰囲気を残した時代だった。小学校の教科書教材として、古典中国の偉人や漢籍が数多く紹介されていた。これらは、少年の人格涵養《かんよう》に役立つもの、すなわち教育的価値のあるものとして肯定的に扱われていた。

先述したように、戦前の少年雑誌は、小学校教育の補助的役割を担い、教育的価値があるという点も、実際に購買する読者の親たちへの重要なセールスポイントだった。古典世界の中国人への眼差しは、大人向けのメディアのみを扱っていると見逃しやすい。実際、少年雑誌の教育的要素の強い記事には、孔子や論語に代表される古代の中国の偉人や漢籍が題材として扱われることも多かった。

特に日清戦争前の少年雑誌では、その傾向が強かった。たとえば、『三国志』の英雄

1－13　凛々しく描かれる中国偉人『小国民』1893年9月3日号

としていまなお人気を誇る関羽や張飛について、『小国民』（一八九三年九月三日号）では「忠烈」の士として詳しく紹介する。1－13はその挿絵だ。先に紹介した、同時代の中国人＝清国人との差は一目瞭然である。

文章も、中国偉人からは、同時代の中国人に込められた「憎しみ」や「嘲笑」の感情は読み取れない。むしろ、「関羽の威風」「武勇比類なかりける（張飛）」「劉備の大材」など、肯定的な表現で彼らは紹介される。1－14では、少しの傷では物ともしない関羽の「痛苦に耐え艱難《かんなん》を忍びし」豪傑ぶりを描く。漢籍については、たとえば『漢書』が取り上げられ、編纂者である班彪《はんぴょう》・班固《はんこ》父子が威厳をもった挿絵（1－15）とともに紹介される。

このような中国偉人たちは、少年雑誌の教育的な話のなかで、その逸話・格言が頻繁に引用される。象徴的なのが「孔子曰く」の引用であり、その例は枚挙に暇がない。

ここでは、「孔子曰く」以外の例を見てみよう。たとえば、『小国民』（一八九三年二月一日号）に掲載された幸田露伴の「問うことの価値」である。これは、「質問は即《すなわ》ち智《ち》慧《え》の母なり」と「問う」ことの重要性を説く教訓的記事である。智者や賢人と尊ばれる

1-14 豪傑として描かれる関羽『小国民』1893年9月3日号

1-15 学者も凛々しく描かれる『小国民』1894年6月15日号

人も、「能《よ》く質《ただ》し能《よ》く問」うているとする。その話のなかで「異常の天稟《てんりん》（＝生まれつきの才能）」を有する人物の逸話として、「漢の王充《おうじゅう》が書賈《しょこ》（＝書籍商）の店頭にて立ちながら書を読みて忘るること無く、北齊の邢卲《けいしょう》が五日にして漢書を読み尽《つく》して偏《あまね》く記《き》せる」と紹介する。

このように、古典世界の中国人は「偉人」として肯定的に描かれ、そこには同時代の中国人＝清国人に見られる否定的イメージ、つまりは侮蔑・嘲笑はない。このことは、幸田露伴に代表されるように、中国文化に造詣の深い人物が、「漢学愛好」の明治時代には数多く存在していたことも関係していただろう。

時代による大きな表現差とは

古典世界の中国偉人への肯定観は、日清戦争の影響によって肯定から否定へと転換することはなかった。あくまで憎むべき敵国は、同時代の中国＝清国だった。

日清戦争中の『小国民』（一八九四年一二月一日号「教育幻灯会」）では、「諸葛孔明も、顔真卿《がんしんきょう》顔杲卿《がんけいきょう》も、文天祥も、遠き昔の話にて、只今では、清国四百余州四億万人を、鐵《かね》の草鞋《わらじ》で探しても、忠勇賢明の将校は一人もいない」と、古典世界の中国偉人と同時代の中国人を分けて捉えている。

ここではもう一例として、日清戦争中の『少年世界』（一八九五年二月一日号）に掲載された「軽口風船玉」を見てみよう。短い笑話が数点掲載されているが、日清戦争中でもあり、中国人を小馬鹿にした内容もある。

その一つに、「関羽の躰量《めかた》」がある。「支那人」が「日本人」より体重が軽い（体が小さい）と馬鹿にされているため、実際に体重計にのってみると「憐れや」、本当に一二、三貫しかなかった。悔しくてべそをかいていると、廟《びょう》から関羽が出てきて、「嗚呼《ああ》、言い甲斐《がい》なき奴輩《どはい》である、今乃公《たいこう》の躰量《めかた》を見て魂を失うこと勿《なか》れ」と、悠然と体重計にのると五〇貫もある。しかし、「如何《いか》に関羽様じゃと言《いっ》て、こんなに躰量のあるべき理由がない」と、よくよく関羽の姿を見てみたら、「八十二斤の青龍刀」を持っていた、という笑い話だ。

一見、関羽も嘲笑の対象のようだが、八二斤の青龍刀の重量を差し引いても、関羽の体重はこの時代の中国人よりは重く体も大きい。それを裏付けるように、この記事の挿絵（１－16）では、同時代の中国人の二人と、古典世界の中国偉人である関羽の描かれ方は明らかに異なる。

1-16 凜々しい関羽と滑稽な中国人『少年世界』1895年2月1日号

日清戦争を契機に、日本人の否定的中国観が一般に浸透したことは、先行研究で従来指摘されてきた。戦争の時代は、敵愾心を煽り、愛国心を高めることが求められるため、敵国の中国人は醜悪に描かれることが多い。一方で、戦争のイデオロギーとは別に、日本文化の淵源《えんげん》でもある古典世界の中国への尊敬と好意は消え去ることはなかった。それは、その後の大正・昭和期でも同様であり、そのことを本書では確認する。この古典世界の中国への尊敬・好意の感情は、古き時代から現代に至るまで、日本人の心の深層に生きているといえるだろう。

2　メディアを覆う蔑視、対朝鮮感情との類似と差違

あふれる蔑視表現

ここまで少年雑誌の中国人描写を見てきたが、少年雑誌以外ではどうだったのか。「当時のグラフィックメディアが日清戦争をどのように描いていたのか」という研究には、新聞・雑誌（『時事新報』や『団団珍聞《まるまるちんぶん》』など）に掲載されていた漫画や風刺画、錦絵などを紹介したものがある。

紙幅の関係上、網羅的には取り上げないが、いくつかピックアップする。中国兵を豚に描写しているもの（１－17）、「豚尾」を揶揄し中国兵を家畜扱いしているものなど、少年雑誌と共通する中国人描写がある。

１－18は、銃や剣ではなく降参旗やアヘンなどを所持している中国兵を描いたものだが、よく見ると足が反対方向を向いている。戦闘になるとすぐに逃げて出してしまう中

国人の「臆病」な性質を誇張して描いたものだ。

　これらは、数ある図像史料のごく一部だが、気になる方は本書文末の参考文献を手に取っていただきたい。いずれにせよ、「豚尾」の蔑視表現や、「臆病」「弱い」「吝嗇《りんしょく》」「卑怯」「不潔」「野蛮」といったネガティブな評価、家畜のような人間以下の扱いなどは、少年雑誌などと同様の表現をしていた。

1－17　豚＝野蛮の象徴『時事新報』1894年７月12日付

1－18　中国兵は臆病ですぐ逃げることを揶揄している『時事新報』1894年８月２日付

久保田米僊『日清戦闘画報』

次に、久保田米僊《くぼたべいせん》とその息子米斎《べいさい》・金僊《きんせん》という日本画家たちが描いた『日清戦闘画報』を紹介したい。『日清戦闘画報』は、一八九四（明治二七）年一〇月から九五年八月にかけて刊行された戦争画集だ。日清戦争に関するビジュアル史料として引用・使用されることも多い。

久保田米僊は、明治期に京都画壇を代表する画家として活躍、日清戦争期には徳富蘇峰の『国民新聞』の特派員として日清戦争に従軍し描いた。米僊は京都生まれの日本画家だが、若いときから西洋画の持つ写実性に注目し、二度の「外遊」で欧米美術の知見も深めていた。つまり、『日清戦闘画報』からは、誇張した表現が多分に含まれる漫画・風刺画とは異なる写実的な中国人描写を確認することができる。

『日清戦闘画報』には、その名の通り日本兵と中国兵の戦闘場面が描かれている（1-19、1-20）。共通するのは、少年雑誌の小説やお伽噺でも一貫していた、日本兵の強さと中国兵の弱さだ。中国兵に焦点を当てれば、「背を向けて逃げ惑う様」「倒れて死んでいる様」が数多く描かれている。

1－19 日本兵の強さと中国兵の弱さの対比『日清戦闘画報』第６篇

1－20 逃げまどう中国兵『日清戦闘画報』第10篇

また、『日清戦闘画報』全一一冊の巻末には、歴史記事や戦記記事が添付されている。これらの巻末記事でも、中国兵が事あるごとに「逃走」「潰走《かいそう》」する様子が記されている。

では、これらの行為が日本人にどのように受け止められていたのか。『日清戦闘画報』の巻末記事では、以下のように語る（傍線部は筆者注）。

いかに弱ければとておのが味方の成歓《せいかん》駅に戦いつつあるを応援をもなさで敵の来る影をも見ずして早く既に遁《に》げ出せしとはよくよく弱き兵士にあらずや（第二篇）

我が義勇なる日本軍の攻撃を受け即夜守《そくやまもり》を棄てて潰走《かいそう》せしは又憫笑《びんしょう》に堪えざることどもなり（第四篇）

彼れ〔中国海軍の将校兵士が〕命を惜《おし》んで名を惜まず故に開戦の始め勢い甚だ猛烈なりと雖《いえど》も一旦敗《や》ぶるるや先を争うて狼狽《ろうばい》逃走し復《ま》た上官の命を聞かず陣形乱れ隊列整わずして敗《はい》は益々《ますます》敗となる真に憐れむべきなり（第四篇）

堅牢《けんろう》無比の砲台に精巧なる大砲を備えながら一も手強《てつよ》き防御をなさずして逃走す其怯懦《きょうだ》実に驚くに堪えたり（第六篇）

1－21　哀れな敗者の姿を描く『日清戦闘画報』第6篇

これらの叙述からも明らかなように、「遁げ出すこと」「潰走すること」「逃走すること」は、「怯懦（＝臆病）」以外の何物でもなく、「弱い兵士」の証明だった。日本人にとっては、「憫笑」に堪えないことであり、「憐れむ」べきことだった。これらの巻末記事からも、1－20の逃げ惑う中国兵にネガティブなニュアンスが込められていることは明白だろう。

また、『日清戦闘画報』は、実際に従軍した画家だからこそ描けた、朝鮮・満洲の風景や戦場がある。1－21では、戦禍から避難する中国人の様子など、戦後あるいは銃後の風景が描かれている。印象に残るのは、戦火によって破壊された家屋や生々しい死体、そうした風景の痛々しさだ。そこからは、「憐れな」敗北者としての中国そのものが浮かび上がってくる。

誇張された滑稽漫画や風刺画とは異なる写実的な『日清戦闘画報』は、戦争の敗者としての「悲哀」が、実際に画家が従軍したというふれこみ効果を含め、いっそうのリアリティをもって読者に受け取られていた。

朝鮮への憐憫

日清戦争は朝鮮をめぐる日中間の対立でもあった。中国だけでなく朝鮮に対しても日本人の関心は高まることになる。

ただし、直接の交戦国中国と比べれば、強い敵愾心が向けられるわけではない。関心度は相対的に低い。ここでは、少年雑誌の図像史料から、決して多くはない当該時期の対朝鮮感情を見ていきたい。

日清戦争中の『小国民』(一八九四年一一月一日号)に掲載された「日清戦争の起原《おこり》」では、朝鮮政府の政治状況を「賄賂《わいろ》盛《さかん》に行われて、政令の暴横言わん方なく、良民故《ゆえ》なく罪せられて、家財官吏の為《た》めに掠《かす》め尽《つく》さるるなど、殆《ほとん》ど忍ぶべきにあらざりしかば……」「政治の腐敗より、在廷の大臣唯私欲に迷い、常に兵備を修《おさ》むるを知らず、兵士に給料をも渡さず、一定の軍規とてもなきが上に、人気惰弱《だじゃく》に流れて、一《いっ》も自立の志あるものなければ……」と紹介する。朝鮮政府の「悪」や朝鮮政治の「腐敗」ぶりを強調している。

読者投稿欄に目を移しても、たとえば『小国民』(一八九四年一二月一五日号、九五年一月一日号)は、「一弱国たる朝鮮をして純然たる独立国たらしめ永く東亜の平和を維持せんとする」「孤弱愍《あわ》れむべきの朝鮮を保護する」と語る。『少年世界』(一八九五年二月一日号)も「朝鮮の貧弱にして亡国の兆《きざし》を現わすや、〔日本が〕多くの財産と生命とを擲《なげう》ちて、危機一髪の国運を挽回せしめたり」とある。

つまり、日清戦争は混迷している「弱き」朝鮮の独立を保護することも目的としている。朝鮮は「力がない」「助けが必要」な「弱い国」というイメージで固定化され、その前提のもとで日清戦争が語られる。

日清戦争は、先述したように「文明対野蛮」の戦争と認識されていたが、保護の対象だった朝鮮もまた「野蛮」で「不開化」だった。

『小国民』は、「朝鮮見物」という朝鮮文化の紹介を、一八九四年一二月一五日以降、翌年の六月まで長期連載する。

そこで紹介される朝鮮文化は、「国俗は、粗末ながらも支那の古風にして、表面には儒仏の教学を尚《たっと》び居れど、其実《そのじつ》は猶《な》お未開というべし」「国民一般に卑屈にして、猜疑《うたがい》深く、官吏は賄賂を貪《むさぼ》り、農商は遊惰《ゆうだ》に流れ、工業は殆《ほとん》ど廃《すた》れ、物産は人参等あるのみ」「国俗、大小便をも穢《けが》わしとせず又何事中にも口より長煙管《ながきせる》を離すことなし」などのように否定的で、ネガティブな感情が露骨に表れている。

その他、「不潔」「無気力」「頑固」「迷信」「腐敗」「頑迷」「〔住まいが〕穢く臭く」「〔風俗が〕惆れ」など、否定的語句を伴いながら朝鮮文化を紹介する。これらの記事を読んで、読者が朝鮮についてポジティブな感情を抱くことは難しいだろう。

『少年世界』でも同様である。朝鮮に従軍経験のある遅塚麗水《ちづかれいすい》という人物が「可憐なる国民」（一八九五年二月一五日号）という記事で、「東洋に国を建つるもの多けれども、朝鮮国の人民ほど哀《あわれ》にはかなきものはあらず」と紹介し、政治の「腐敗」、人民の「遊惰」、国力の「疲弊」「亡国の悲」を語る。

朝鮮人の家を紹介した同記事の見出しを見ると、「臭い！臭い！大臭い！」とあるが、この感嘆符からも朝鮮へのネガティブな感情の反映を読み取ることができる。

遅塚麗水は、現地で見聞きした「朝鮮土産の物語をお聴《きか》せ申《も》うさん」と、その後も朝鮮文化や風俗を紹介する。「憐れなる国民」（一八九五年三月一日号）では、道を歩いている「朝鮮女」が、皆「被布」で顔や体を隠している様子を紹介する（1－22）。日本人と出会うと皆顔を背《そむ》けて避ける様子を「醜《みにく》き女にてこの体《てい》をなすそのお澄《すま》しの有様は、抱腹絶倒に堪《た》ゆべからず」と、馬鹿にしたような表現である。

この「嘲笑」という点では、先述した『少年世界』のスター作家である巌谷小波が執筆した小説（お伽話）がある。先に紹介した小説「駄法螺」では、朝鮮をチャルメラと

1 -22 朝鮮人女性の描写『少年世界』1895年 3 月 1 日号

1 -23 ラッパ大将（日本，左）とチャルメラ（朝鮮，右下）『少年世界』1895年 2 月15日号

いう登場人物になぞらえており（日本がラッパ、清国が法螺貝という吹奏楽器の擬人化）、作中では「チャルメラと云う奴があるが、見る影もない繊細《かぼそ》い奴で、ピーピーピーピー鳴って居るばかり」「意気地の無い野郎」と紹介する。ストーリーは、日本をなぞらえた「喇叭大将」という登場人物が、「チャルメラの弱きを保護」するため、中国をなぞらえた「駄法螺」を懲らしめるという内容だった（1－23の右下がチャルメラ）。

子どもへの眼差し

他方で、少年雑誌では、読者層である子どもについては、国内外を問わず、「可愛らしい」といった愛玩《あいがん》的な眼差しを向ける。

たとえば、『少年世界』（一八九五年三月一五日号）に「鬼の涙」という小説がある。その内容は、鬼将軍と呼ばれた日本人大尉が、戦争の混乱下で戦地に捨てられた中国人の赤子に慕われる話だ。この「可愛らしい坊」は、故国の中国人には懐かないのに、その日本人軍人にだけは懐く。緊張感のある戦地における一服の清涼剤としての扱われ方である。

余談だが、「敵国人にすら慕われる日本人」という構図は、この日清戦争以降、日中関係の力関係を表す際によく使われる。昭和戦前期に大人気を博す、『支那の夜』などの日中ラブロマンス映画が象徴的だ。日本人を嫌う中国人女性が、日本の男性と恋愛関係となり、日本への誤解も解けるといった内容である。そこで描かれるのは、強く賢く温情深い日本人であり、根底には中国人蔑視の感情が流れている。

1－24 中国人の赤子を抱く日本兵『少年世界』1895年3月15日号

「鬼の涙」の日本人軍人も、捨て子の「可愛さ」に目を細くし、「敵の奴原《やつばら》は憎むべきも、罪の無いこの赤児《あかご》に、愛憐《あいれん》の情こそ起《おこ》れど、露《つゆ》一点の憎気《にくげ》は無い」と赤子を抱きかかえながら戦う（1－24）。一方、赤子が例外なだけで、「遁《に》げ上手の清人《チャンチャン》」などと、敵国中国人へのネガティブ感情は作品上に色濃く表れている。

ただし、子どもへのポジティブ感情は、無制限ではなく国内外で差異があった。『小国民』（一八九五年三月一五日号）の「大きくなれよ」という日清戦争中の教訓的記事では、日本という国に生まれたことがいかに幸福かを語る。隣国の中国や朝鮮と比較し、「されど不幸にして、諸子が若《も》し老朽《ろうきゅう》貧弱の国土に生れたらば、例えば支那の如き、朝鮮の如き国土に生れたらば如何、決して我々日本の小国民の如く、大なる愉快は有し得られず」と語っている。

明治期の中国観と朝鮮観――「元寇」と「朝鮮出兵」

日清戦争中の朝鮮に対する弱小視や、朝鮮の後進性の強調など、総じてネガティブな言説は、日本の中国への眼差しと類似する。一方、日清戦争を契機に朝鮮への関心も拡大したとはいえ、直接の敵対国である中国への関心には及ぶべくもなかった。それは記事数に如実に表れる。中国兵に対する蔑称を伴った激しい敵愾心や、その裏返しとしての嘲笑・滑稽化は、当時の朝鮮にはなかった特徴である。

一方、日中の歴史的交流関係が深く長いように、日本と朝鮮の関係も同様だった。では、日本人の朝鮮観の場合も、同時代の朝鮮への眼差しと、近代以前の朝鮮への眼差しは、中国同様に異なるものだったのだろうか。

朝鮮についての日本における古くからのイメージは、三世紀のこととされる神功皇后

1－25 **彩色されていたことも特徴的** 武内桂舟『少年世界』1895年1月1日号

が朝鮮半島に出兵し同地を征服したとする「三韓征伐」と、一六世紀の豊臣秀吉による朝鮮侵略である文禄・慶長の役（壬辰・丁酉倭乱）における加藤清正の「朝鮮出兵」である。

日清戦争前の『小国民』では、神功皇后による三韓征伐と、加藤清正の文禄の役における朝鮮での武勇に関するものが確認できる。日清戦争中に創刊された『少年世界』（一八九五年一月一日号）の場合、創刊号の口絵が「神功皇后三韓征伐」（1－25）だった。この記事では、日清戦争と三韓征伐が、「かの時の三韓の位置は、今の清国によく似たり」と、結び付けられている。

近代以前の朝鮮に対する日本人の感情を読み取るのは難しいが、「三韓征伐」も「朝鮮出兵」も、日本側の強さが強調され、朝鮮側は一貫して「弱さ」が浮き彫りになる。

少なくともポジティブな感情は読み取れない。

それとは対照的に、古典中国の場合、先述したように、中国偉人に対するポジティブな感情が特徴的だった。これらの古典的中国イメージから読み取れる感情は、「敬愛」「あこがれ」「楽しい」などのポジティブな感情だ。文化の中国への憧憬は、朝鮮には見られない。日本人の対中感情と対朝感情の大きな差異である。

また、伝統的な朝鮮イメージとされる「三韓征伐」や「朝鮮出兵」に類するものとして、日中間の出来事として有名な一三世紀の「元寇」と、同じく一六世紀の文禄・慶長の役がある。後者は朝鮮支援のために明が出兵していたからだ。

これらの事件は、愛国心の養成や国威の海外発揚を目的として、近代日本の小学校教科書に必ず取り上げられるが、教育の補助的役割を担う少年雑誌でも、歴史教材的に取り扱われている。ここでも、事件の中心人物となる北条時宗や豊臣秀吉といった当時の日本偉人や日本という国の優秀性を強調するために、中国・中国人（当時は元・明）が比較対象としてネガティブに扱われている。

日清戦争が始まると、一三世紀、一六世紀の「元寇」や「朝鮮出兵」も、同時代の情勢に結び付けて語られる。過去は過去として切り離されるわけではなかった。ただし、繰り返すが古典の時代の「古きよき文化の中国」というイメージは、日本人に根付いており揺らぐことはなかった。

3 蔑視から嫌悪、悪人へ——北清事変、日露戦争の時代

日清戦争後も続く「嘲笑」

前節までは、日清戦争中の少年雑誌におけるきわめてネガティブな中国人描写を中心に見てきた。他方で、古典世界の中国への憧憬は消えず、日本の対中感情の複雑な思いを垣間見てきた。本節では、日清戦争後の中国人描写を追いかけてみよう。

日清戦争が日本の勝利で終結すると、過激な表現は消えていく。だが、同時代の中国人を小馬鹿にしたような記事は続いた。

日清戦争後の少年雑誌に散見されるのは、戦中からあった中国人＝清国人の弁髪揶揄だった。1－26は、弁髪を木に括《くく》り付ければ、物干し竿代わりとなり経済的である、と

「けち」な中国人を揶揄した一枚絵だ。ここに表れているのは、敵愾心ではなく、ただの「嘲笑」だ。

1-27は、『小国民』（一八九五年八月一五日号）の読者投稿欄の絵だが、「支那人の狡猾は、鼠《ねずみ》と相《そう》さること若干」と、中国人を鼠にも譬えている。日清戦争後の『少年世界』（一八九六年二月一五日号）にも、鼠が登場する短いお伽噺がある。西井翠山の「鼠の敵」だ。鼠の台詞には「我々は一致団結の心に乏《とぼ》しくチヤンチャン坊主のように人の知らぬ間にコソコソと働き若《も》し見つかったときは三十六計《けい》逃ぐるに如《し》かずチウチウチウと逸足《いちあし》いだして逃《にぐ》る」とある。日清戦争中の「逃

1-26 戦争後も続く弁髪揶揄『小国民』1895年8月15日号

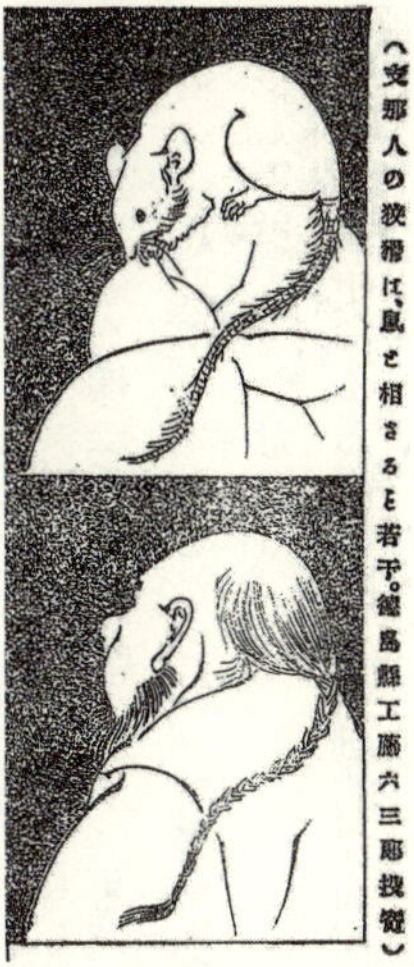

1-27 豚だけでなく鼠にも『小国民』1895年8月15日号

1-28 中国の裁判を野蛮であると紹介『小国民』1895年8月15日号

走」「潰走」する中国兵のイメージが、鼠のちょこまかと逃げ惑う様に重ね合わされている。豚にせよ鼠にせよ、馬鹿にしていることは、読者である子どもたちにも理解できただろう。

日清戦争による対中関心の劇的な高揚、勝利への驕《おご》りから、敗者の中国人を「小ばか」に「嘲笑」することが定例化していく。それは、戦争という人々の関心が最も高くなる国民的イベントで、膨大かつあらゆる角度からのネガティブな対中情報が、日本社会一般に氾濫したからだろう。

そのネガティブな感情は、対中国兵や国民だけに留まらず、同時代の中国の制度や環境にまで拡大していく。1-28は、『小国民』（一八九五年八月一五日号）に掲載された「支那裁判所」の挿絵だ。記事の本文にはその裁判の実態を次のように紹介する。

支那人は、罪を侵すことあるも、金銭に富む者は、多くは無罪にて事すむなり。其《その》ゆえは、裁判官への賄賂によって、罪の有無軽重を定むることにして、民事の訴訟に於《お》いても亦《また》同じ。支那人の辞に、富者に非《あら》ざれば、訴訟を起す能《あた》わずとは、彼国にて、知れ亘《わた》りたることとなり。されば、罪人が、判官の前に出ずれば或《あるい》は泣き悲み、或は平蛛《ひらぐも》の様になって謝り、或は哀れ気に分疏《いいわけ》するなど、只管《ひたすら》判官の憐みを請《こ》うより、手段なしとは如何《いか》にも浅ましき事ならずや

お金さえあれば罰せられることがない、という裁判制度を「憐み」と「軽蔑」をもって紹介している。

回顧される日清戦争

日清戦争は、日本にとって歴史的に大きな事件だった。戦後、数年も経たないうちに、日清戦争の体験談や回顧記事が、少年雑誌の誌面にも表れる。

１－29は、『少年世界』（一八九九年七月一五日号）に掲載された尾上新兵衛（久留島武彦）の「戦塵」と題する日清戦争の回顧記事の挿絵だ。

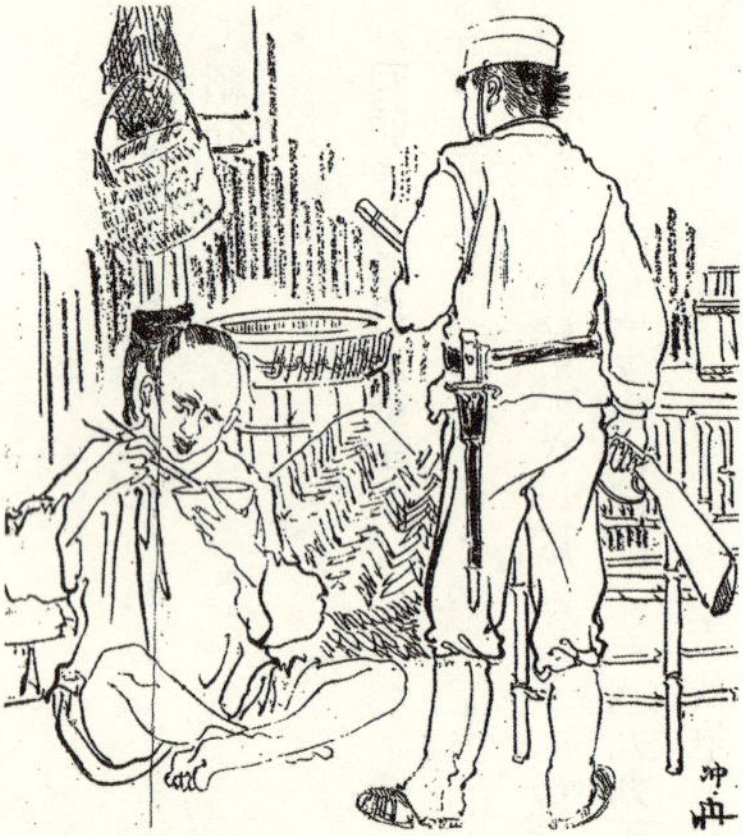

1-29　弁髪を柱にくくりつけ毒見をさせる
『少年世界』1899年7月15日号

尾上は、日清戦争で従軍経験があり、その見聞を『少年世界』に連載、兵営・戦記ものの作家として世に出た人物だ。

その体験談の一節に、空腹を満たすために戦地の民家に入り、勝手にその家の粥《かゆ》を食す場面がある。また、中国人への殴る蹴るといった行為、また逃げ出さないように、弁髪を柱に括り付ける様子が生々しく描写されている。1-29は、日本兵が中国人に粥を毒見させる様子を描いている。ちなみに、この体験談内に登場する日本人同士の会話では、「支那人《ちゃん》」「土人《ちゃん》」と蔑称で呼び合っている。

その他、『少年世界』（一八九六年六月一日号）では、幕末の子どもたちが日軍・米軍に分かれて戦ごっこをしていた「日米戯戦」がある。ここでは、本題に入る前に、日清戦争が回想される。日本の子どもたちが、「清兵との軍遊びを事とし、泣く児をチャンチャンとあざけり、弱き児を清兵とさげしみしは、つい此程《これほど》の事なりしが」と回想する。このような体験談・回顧記事を通して、日清戦争の追体験が誌面上で繰り返され、そのたびにネガティブな対中言説が繰り返される。日清戦争により日本社会一般に浸透したネガティブな対中感情は、その後も語られ続け定着していく。

倒すべき敵から嫌悪＝悪人へ

一方、中国へのネガティブな言説の内実は、日清戦前戦後を通して大きく変化している。戦争中は、打倒すべき「敵」だった対象が、勝者としての余裕から「嘲笑」の対象へ、その後は感覚的次元で「嫌悪」の対象へと派生する。あるいは、「悪の象徴」として取り扱われるようになったと言い換えてもよいだろう。

わかりやすい例が、小説などの架空の作品に登場する中国人だ。戦争中の多くは、「敵兵」として表れていた中国人だったが、戦後は「悪人」として描かれることが多くなる。

1－30は、日清戦争終結後から二年後の『少年世界』（一八九七年九月一日号）に掲載された「奉公」という小説の挿絵だ。ここに登場する神戸の中国商人は、日本人の子ども（大阪の米穀会社の丁稚）を馬鹿にし、嘘をつく「ずるい」人物だった。物語に登場する「悪人」の中国人は、大正・昭和戦前期の少年雑誌でも頻出することとなる。

1-30 中国人商人の不正を糾弾する日本人少年『少年世界』1897年9月1日号

同じく日清戦争後に『少年世界』（一八九七年七月一五日号）に掲載された「運動会」という物語では、時勢柄、「日本方」と「支那方」に分けて競争させられることに、「支那方」をやらされることをイヤがる子どもと、それに同調する親の様子が次のように展開される。

〔子ども〕「誰が……誰が……支那方なんかになるものかね、支那の真似なんかは首を切っても………」

〔親〕「小児斗《こどもばか》りか親までも馬鹿にして、支那人の真似をしろなどとはどの口で言えたもの、見下《みくび》るにも程がある」


「支那人」扱いされることへの強い嫌悪感を読み取ることができよう。

日清戦争後の『少年世界』の読者投稿欄を見てみると、さらにわかりやすい例がある。

これは、『少年世界』（一八九九年一〇月一五日号）の読者投稿欄のお題「少年諸君のお好きな物と嫌な物十種」に対して、採用されていた一読者の回答だ。

◎（好）お伽噺、少年世界、軍人、体操、休暇、ベースボール、菓子、運動会、海軍、及第、旅行
▲（嫌）本誌の表紙、赤痢病、生臭坊主、酒、煙草、虎列刺、弱少年、漢語、虱、支那人、盗人の生意気
下総　大和魂

〔傍線部は筆者〕

「嫌な物」のなかに「支那人」とある。「嫌い」と回答した読者は他にも複数人いたが、「好きな物」として「支那人」をあげた読者は一人もいなかった。

変わらぬ古典世界の中国

先述したように、古典世界の中国偉人の「評価」は、日清戦争中でも、ネガティブに扱われることがなかった。ただし、日清戦争中、古典世界の中国を扱った記事は極端にその数を減らす。もちろん、戦争関係記事で誌面が占められていたこともある。そのため、日清戦争後は再び誌面に表れるようになる。

その多くは中国偉人たちだった。具体的には、孔子や閔子騫《びんしけん》などの東洋思想の巨人、始皇帝や項羽、藺相如《りんしょうじょ》などの軍事的・政治的英雄、孟母（孟子の母）などの節婦・賢母である。

1-31 閔子騫（右）とその父親『少年世界』1896年5月15日号

1-31の閔子騫は、孔子の門弟で徳高にすぐれた人物として知られる。『少年世界』では、閔子騫の継母が実子に暖かい服を着せ、閔子騫には薄い服しか与えなかったことを知って離縁しようとした父を、閔子騫が理をもって諫《いさ》め継母と義弟をかばった故事が紹介される。そのときの様子を描いたのが１－31だ。

１－32の孟母は、「孟母三遷」「孟母断機」の故事で知られる賢母だ。前者は、孟母が子どもの教育に適した環境を選んで居所を三度移し変えたという故事、後者は、孟母が織っていた布を断ち切って、学問を中途でやめることはこのようなことであると孟子を戒《いまし》めた故事だ。１－32は「孟母断機」の挿絵である。

１-32　**孟母（左）と孟子**『少年世界』1896年７月１日号

彼らは「忍耐」「知勇」に優れ、読者のよい見本であり、「勤勉」の大事さを伝える格好の教材でもあった。また、ここでは「立身出世」も強調される。「立身出世」や「通俗道徳」を子どもに語るうえで、昔の中国偉人の逸話は悪くない教材だった。実際に、明治後期の修身と国語の国定教科書にも、数は多くはないが「孔子」「孟子」「張良」「韓信」「諸葛孔明」「藺相如」が取り上げられている。

北清事変の勃発

一九〇〇（明治三三）年の北清事変（義和団事件）と、〇四年の日露戦争という、中国が関係する大きな歴史的事件が勃発する。日露戦争は、中国権益（満洲）の問題があり、戦地は中国大陸だった。

日清戦争の結果、中国の弱体ぶりを知った欧米列強は、あいついで中国に勢力範囲を設定した。そのような状況のなかで、中国では排外主義団体である義和団が勢力を増して、各国の公使館を攻撃、中国政府も義和団に同調し、列国に宣戦を布告した。

この北清事変が勃発すると、少年雑誌上でも「北清戦記」なる記事が掲載される。義和団への興味関心も高まり、「頑固蒙昧《がんこもうまい》」な輩《やから》が事件を起こしたのだと報じられ、また、義和団を利用し列強に宣戦布告をした中国政府や、それに先導される一般中国人にも、ネガティブな眼差しが向けられる。

『少年世界』（一九〇一年六月一日号）の「北京籠城談」では、義和団が北京の列国公使館を包囲した事件について、日本側の当事者談が紹介されている。そのなかに「北京城の地理」について触れた箇所がある。

処《ところ》で其路《そのみち》はと云いますと、人道と馬車との別こそあれ、概して凸凹《おうとつ》で、中には石を敷《し》いた路《みち》もありますが、大昔出来た儘《まま》修繕と云う事を致しませぬから、矢張凸凹《やはりでこぼこ》で其歩行《ある》きにくい事と云ったら、お話になりません。只《ただ》少し綺麗な街は居留地で、ここばかり文明の光りがさして居るように見えるのです。他はもう雨量《あめ》が少《すくな》いから塵埃《ちりほこり》は立ち放題、溝《どぶ》は埋まり放題、汚い事もまた一通りでありません。只立派に見えるのは家屋の構造で、有繋《さすが》大国だけに大きな建物もあり、彫刻を施した門なぞもありますが、中へ這入《はい》って見ますと矢張建てっ放しの修繕なしで、からもう意久地《いくじ》はありません、これが即《すなわ》ち支那の支那たる所以《ゆえん》で、制度文物凡《すべ》て此《この》通りなのです。

北京の不潔ぶりや、未開な様子を詳細に語っている。人だけでなく、環境にまでネガティブな言及が拡大していることがうかがえる。

また、巌谷小波の小説にも、北清事変時の対中関心の高揚が反映されている。「悔し涙」（『少年世界』一九〇〇年九月一五日号）では、読み書きのできない「清次」という日本人少年が、「清は清国の清……支那人だよ」とからかわれ、「ヤイ支那人のチャンチャンやい、くやしくもこれ〔少年世界〕が読めまい」と口汚く罵られる場面がある。いじ

め っ子による清次への「字を知らない野蛮人だもの」という台詞があるが、日清戦争時の「文明対野蛮」の構図から中国への野蛮視は、創作上に表れるほど定着していたといえよう。

このようなネガティブな記事のなか、次に紹介する挿絵の記事は興味深い。1-33は、北清事変に際し記者として従軍した小説家・黒田湖山の記事「亡国の少年」の挿絵である。

1-33 目の前の死に動じない豪胆な中国少年『少年世界』1901年10月10日号

「亡国の少年」は、「支那」の地で出会った「支那の少年」についての話である。自国で何が起こっているか知らない無知で「憐れむ」べき少年が存在する一方、「支那の少年の中にも、なかなか侮りがたいものが居る」として、日本人通訳官に一歩も臆さず切りかかろうとする少年がいた話も紹介される(1-33)。

記事の最後には「支那帝国は、終《つい》に亡《ほろ》ぶべきの国であるか。所謂《いわゆる》中国は、乱暴な白人種の為《た》めに終に破壊されてしまう国であろうか」と読者に問いかける。そして、続く文章で「是《こ》れ等の美しい、勇ましい精神を持って居る少年をして、希《こいねがわ》くば充分の発達がさせたい」と、豪胆な精神を持つ「支那少年」たちに希望を託している。限界はあるが、少年雑誌ならではの若者へのポジティブな眼差しが垣間見える。

なお、作中の黒田自身の台詞のなかに「白人種の跳梁跋扈《ちょうりょうばっこ》に対し、相携《あいたずさ》えて大《おおい》に是《こ》れにあたるべき我が友邦」「支那帝国をして、文明の思想に染ましめ、文明の空気を呼吸せしめ、我々と共に立って、東洋の勢力を増さしめる」とある。これは昭和戦前期のスローガンである「東亜新秩序」「大東亜共栄圏」に通じる思想である。

北清事変もまた、日清戦争と同様、数年後に回顧記事が登場する。『少年世界』（一九〇七年八月一日、九月一日号）では、猪谷赤城という陸軍少佐が「団匪《だんぴ》の拳法《けんぽう》」「団匪の由来」として義和団を回顧する。

記事では、「迷信深い支那人」が「北清の団匪が行った不思議な妖術」をありがたがって信仰していた点について、「其愚《そのぐ》や実に及ぶべからず」「呆《あき》れて物が云えぬ」「滑稽とも何とも云い様がない」と罵り、また、義和団の「暴虐無惨」ぶりも痛烈に批判する。

後者については、義和団が「耶蘇《やそ》教を信ずるものは、額に十字形を現わさす」といい

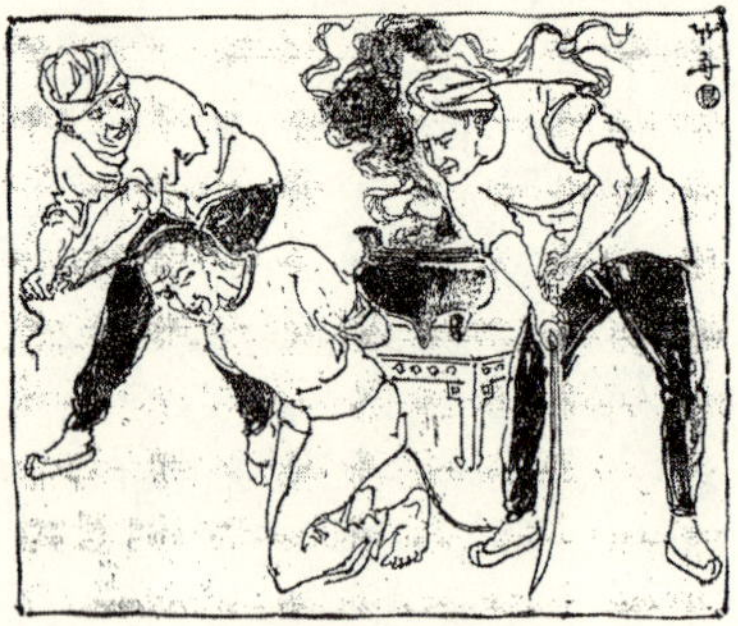

1-34 キリスト教信者の嫌疑をかけられ殺されている『少年世界』1907年9月1日号

ふらした結果、「臆病な愚民共」が「額の上に青筋でも出すものがあると、それ〔キリスト〕教民だとばかり之を打殺したのである」と具体的に紹介する。1-34はその挿絵である。中国人の残酷ぶりは、日清戦争でも中国の野蛮を象徴する事例として、少年雑誌含め各種メディアで幾度となく報じられていた。

記憶を定着させる方法の一つに反復があるが、ネガティブな対中感情もまた、各種メディアで中国関係の事件が繰り返し語られるなかで、日本人のなかに根深く定着したことが考えられる。これは、次の日露戦争でも同様である。

日露戦争と対中感情

北清事変の余波は満洲にまで及んだ。ロシアは、当時建設中の鉄道が義和団に破壊されると、その保護を名目に満洲を占領、事変後も撤兵しなかった。これが日露戦争の要因となる。先に触れたように、日本とロシアの戦争だったが、中国権益の問題や、戦場が中国だったことから、中国にも関心が集まる。

日露戦争勃発直後の『少年世界』（一九〇四年三月五日号）には「弱い者いじめ」という話が掲載される。登場人物に、魯太郎、日之助、清二郎という子どもたちが出てくるが、それぞれロシア、日本、中国をなぞらえていることは、当時の少年たちも容易に理解できたことだろう。

魯太郎と、日之助と、清二郎とは、皆家が近所なので、よく一所に遊んで居りました。所が魯太郎は、一番体が大《おおき》いので、いつも二人を馬鹿にして居りましたが、中にも清二郎は、背はなかなか高いのですが、まことに力の弱い子だものですから、魯太郎はこの清二郎を、よくいじめて居りました。それをまた日之助は、だまって見て居られませんから、『魯太郎さん！そんな乱暴な事するもんじゃないよ。』と、傍《そば》から止めましたけれども、魯太郎は聞きませんで、しまいには清二郎の持って居る物まで、おどかしては取りあげてしまいます。〔中略〕日之助は、弱い者を助けて、強い者を抑えようと云う、ほんとーの男ですから、忽《たちまち》ち魯太郎を打ち据えて、

1 -35 右から中国，日本，ロシアをなぞらえている『少年世界』1904年 3 月 5 日号

さんざん酷い目にあわせました。

このように、子ども向けの読物ならではのわかりやすさで、日露戦争の起源を解説する。

この短い物語からもわかるように、日本民衆の日露戦争の認識は、「弱い中国を助けるために、強いロシアを倒す」というものだった。「弱い中国」という評価は、日清戦争を契機に日本社会一般に浸透し、日露戦争期では当たり前の前提として成り立っている。1-35の挿絵では、泣いているのが清二郎であり、ここからも一目瞭然のように、中国は、日本の保護を必要とする自立力のない国と捉えられている。

また、ロシアとの比較対象として、以前の戦争相手である中国が取り上げられてもいる。たとえば、日清・日露両戦争で激戦地となった旅順については、

「旅順口は、天嶮《てんけん》ともいうべき地ですが、清人に持たして置けば、僅《わず》かに一日で陥落しちまった。これは支那人が、此《こ》の立派な要害《ようがい》を、守ることを知らなかったからです。所で露西亜人が守って居ると、十箇月も籠城したのです」（『少年世界』一九〇五年二月一日号「ステッセル将軍」）。

「日清戦争は清国が弱かったから勝てたが、日露戦争はそうはいかない」といった言説は、日本人の気を引き締める目的として機能していたが、対中感情に引き付けると、中国の弱さがあらためて露見することになったといえよう。

中国観に関する先行研究では、ネガティブな対中感情の強化について、直接の交戦となった日清戦争ばかりが注目されるが、このように北清事変や日露戦争の影響も看過できない。近代日本では、中国に関する何かが常に語られ続け、日本人の対中感情を考える際、それが最も重要なのである。

満洲への関心

日露戦争期、その何かは満洲だった。戦場でもあった満洲は日露戦争中から関心を集め、日露戦争後も、ポーツマス条約の締結によって満洲を含む関東州の租借権及び南満洲鉄道を獲得したことによって、「満洲・満洲人・満洲文化」への関心が劇的に高まった。夏目漱石の満洲・朝鮮旅行の紀行文「満韓ところどころ」が『朝日新聞』に掲載されたのも明治末だった。

少年雑誌でも、その傾向は顕著に表れ、満洲風俗を紹介した記事が散見できる。たとえば、日露戦争の従軍経験のある西村酔夢（真次）は、『少年世界』（一九〇六年三月一日号）に「満洲風俗」という記事を寄稿している。「家屋」「着衣」「頭髪」「日常生活」などの満洲風俗を紹介するが、その記述は「元来支那人－殊《こと》に満洲人は汚ないことが平気であって、幾日《いくか》立っても少しも入浴をしない。垢《あか》が溜って、一寸《ちょっと》位積《つも》って、掻《か》くとぽろぽろ落ちるようになっても、一向平気の平左衛門《へいざえもん》でいる」などと不潔が強調されている。肉・野菜などの食物も「何《いず》れも日本などのよりは不味《まず》くて、食う気にならない」と、ネガティブな描写が目に付く。

少年雑誌ならではの記事として、従軍記者でもあった新田静湾（新一郎）の「満洲の子供」（『少年世界』一九〇五年五月一日号）がある。1－36の挿絵では、弁髪にする前の芥子坊主《けしぼうず》（子どもの頭頂部にだけ髪を残し、まわりを全部そったもの）姿を紹介する。

一方、先の「満洲風俗」の記事とも類似する「生涯湯に浴《い》らず」といった風習の紹介や、「文盲《あきめくら》が殊《こと》に多い」ことなどを紹介し、次のようにまとめる。

成程《なるほど》、彼等満洲の子供は、一般に其《そ》の身体と衣服は不潔ではあるが、性質は柔順で而《しか》も怜悧《れいり》です、だが、段々成長するに従って早婚、喫煙、阿片の中毒などでもって、痴鈍《ちどん》にもなり、悪党にもなるので御座います、が、其の子供の時には、概して利口で、また可愛らしい者が多いです。

１-36「絵で見る唐子（中国風の髪型をした子ども）」と紹介される『少年世界』1905年５月１日号

少年雑誌特有の子どもへのポジティブな眼差しが確認できる一方で、中国への抜きがたい侮蔑感情も垣間見える。

「満洲の子供」では、日露戦争での日本の活躍によって、渡日を望む者がいるとする。そのうえで、なかには弁髪を摑みながら「こんなに長い頭髪は要らない、〔日本人の〕貴方のように短かく刈った方が宜《よろし》い」と

1-37 満洲の子どもに飯をほどこす日本人『少年世界』1905年5月1日号

言う者もいると紹介する。文章の最後には、「其《そ》の如何《いかん》に彼等が我が日本を慕うて居るかと云うことが分るでしょう」と記し、「中国人に慕われる日本人」という、日清戦争以降のステレオタイプな描写も確認できる（1-37）。

ネガティブに扱われる中国人のなかにあって、例外は「日本人を慕う者」なのだ。実際にそのような子どもがいたのかもしれない。だが、仮にいなくても、真っ白なキャンバスとも言われる子どもには、日本人が抱く理想像を仮託しやすかったのだろう。

少女向け雑誌の登場

日露戦争期の子ども向け雑誌を見ていくうえで、無視できない重要な出来事がある。

それは、日本最初の少女専門雑誌『少女界』の創刊（一九〇二年四月）だ。教科書会社として知られた金港堂による刊行で、その二ヵ月前には『少年界』が発行されている。この競争誌の登場に際して、『少年世界』の出版社・博文館でも、四年後の一九〇六年一〇月に『少女世界』を刊行する。『少年世界』と『少年界』、『少女世界』と『少女界』、似たような誌名だが、出版社の異なる別物の雑誌だった。

この時期は、一八九九年の高等女学校令などに象徴されるように、女子教育の振興した時期であり、その動向に合わせて少女向け雑誌が刊行されていた。

この性別雑誌の存在は、日本の対中感情を考えるうえで、男女による対中感情の差異はあるのかを考えさせてくれる。先行研究では「日本人の中国観」と一括りにされるが、男女の差異を扱った中国観研究は皆無だ。これは、先行研究の多くが、国策の指導層やオピニオンリーダーたちを検討対象としていたためである。近代日本の女性の中国観は度外視されてきたのだろう。本書では、日露戦争前後期の少女雑誌を少し紹介するにとどめるが、大正期以降の少女雑誌・婦人雑誌の検討は今後の大きな課題となる。

共通する悪人としての中国人

『少年世界』『少女世界』『少年界』『少女界』の四誌に共通する中国描写として、冒険小説に登場する中国人の存在が指摘できる。

冒険小説とは、「危機に遭遇しながらもそれに挑戦してゆく過程を描いた物語」である。明治後期になると押川《おしかわ》春浪《しゅんろう》の作品が流行する。大正・昭和期の少年雑誌でも人気コンテンツの一つだった。この影響は少女雑誌にも及び、少女向け冒険小説も執筆された。

1－38　悪人の中国人が不気味に描かれる『少年世界』1911年10月1日号

『少年世界』でも、押川春浪作の冒険小説が人気だったが、その作品のなかに「冒険小説骸骨島」（一九一一年一〇月一日号）がある。注目すべきは、この作品に登場する中国人だ（1－38）。

　この支那人船長の人相の悪いには驚いた。弁髪を頭の頂辺へクルクルと巻き付け、顔色はドス黒く、金壺眼《かなつぼまなこ》の底には眼玉がギラギラと光って、黄《きいろ》い汚い歯を現わし、毛だらけの手でゴリゴリと尻を掻《か》いて居る有様などは、まるで狒々《ひひ》の再生《うまれかわり》かと思われる様な怪漢である。

物語の主人公の日本人少年が乗る船には、「鬼か蛇の様な」「悪党らしい支那人」が数人乗船し、女性をおびき出して絞め殺し、「無惨にも其の生肝と脳味噌」を抜き取って密売する「極悪非道の儲《もうけ》仕事」をしていることが語られる。

生肝と脳味噌は、「殊《こと》に支那は今でも非常に迷信の強い国で、一部の愚昧なる人々は、人間の生肝と脳味噌とは、或種の難病には非常な良薬だと信じ切って居ますので、其等《それら》の生肝と脳味噌とは非常なる高価で秘密に売買されるのです」と解説する。「迷信深い」という性質も、近代日本で頻出するネガティブな中国人評価だ。

もう一つの例は、『少女界』（一九〇九年四月号）に掲載された小説「後の初子」である。不運が続く「初子」という日本人少女が、「悪相の支那人」に誘拐されるという、「人間の哀れなどどん底」と表現されるほどの「酷い目」に遭う話である。

登場する中国人は、「横浜で有名の悪い支那人」で、「これ迄幾人と無く小児を誘拐して、その小児を悉《ことごと》く上海香港へ送る」と紹介される。初子は逃げ出そうとするが失敗してしまう。中国人が逃げようとした初子を「押え、手を縛り、口に猿轡《さるぐつわ》を啣《くわえさ》せ」た場面もある。その他、『少年界』『少女世界』でも同様に、中国人を「悪人」として登場させる小説がある。

読者投稿欄も男女別に見てみよう。『少年界』に「ものは附」という「…のものは」という題に頓知《とんち》のきいた答えを出して優劣を競う読者投稿欄があった。「詰まらぬもの」というお題に対し「現今の清国」（一九〇三年一二月号）という回答がある。他方、『少女界』では、読者が創作した笑い話として、次のような中国人の無知さを揶揄した投稿文が確認できる。

日本人が支那人に向い
日「あなた日本語が出来ますか。」
支「はい、私はランプと云う日本語を知ってます。」

各誌の小説やこれらの読者投稿文も踏まえると、男女ともにネガティブな対中感情を共有していたといえるだろう。

日本人の同時代の中国へのネガティブ感情は、日清戦争で直接の戦闘を経て中国兵の弱さ・愚かさなどが、誇張が入り交じりながら世間一般に浸透した。それが、先に紹介した冒険小説が書かれる一九〇〇年代から一〇年代初頭の明治末以降になると、戦争とは関係ない創作上の世界に「悪人」として登場するようになる。

図像だけを見ると、中国人を特に露悪的に描いた作品は、敵愾心の宣揚が必要な日清戦争期に比べ見当たらない。しかしながら、中国人が悪党であることに何ら違和感を覚えない、それが当たり前の時代になっていた。

ここでは作り手＝大人も読み手＝少年少女も、「中国人なら極悪非道なこともするだろう」という共通理解が機能して作品として成り立っている。北清事変、日露戦争を機に一九〇〇年代末期、日本社会一般にネガティブな対中感情が浸透・定着していた。

揺るがない中国偉人

他方、古典世界の中国偉人を取り上げた記事も、男女に共通（四誌共通）する。『少年世界』では孔子が、『少年界』でも藺相如と廉頗《れんぱ》、韓信が、『少女世界』では車胤、孟母が、『少女界』でも虞美人などが、少年少女が見習うべき理想の人物として取り上げられている。

たとえば、『少年世界』（一九〇五年七月一日号）では、孔子を「少年諸君が常に服膺《ふくよう》して一日も忘れてはならぬ忠孝仁義の大道」を説いた偉人として評価する。『少年界』（一九〇三年四月号）では、藺相如と廉頗を「賢い大臣」「豪《えら》い大将」と評価し、「諸子《みな》さんも何卒、国に何か大事の興った時には、藺相如のよーに、また何か自分に思違いや仕損いの有った時には、廉頗将軍のよーに、為《なっ》て頂きたい」と、彼らを模範的人物として強調する。

少女雑誌は、男性の中国偉人だけでなく、孟母や、項羽の寵姫「虞美人」など、女性の中国偉人を多く取り上げる。

たとえば、魯の公父穆伯《こうほぼくはく》の妻、魯季敬姜という人物を取り上げた『少女界』（一九〇三年六月号）では、「学問もあれば礼儀も正しく婦人の徳は申すまでもなく、裁縫のことや料理のことや何でも家事向一切出来ぬことはありませんのです。こう云うえらいお方でございますから、子供の育て方もそれは行届いて居ましたので、家庭教育の模範となるような事が沢山にあります」と紹介する。

『少女世界』で「孟母」が紹介されていた点も踏まえると、当時の少女には「良妻賢母」の側面が求められていたことも読み取れる。

このように、「同時代の中国へのネガティブ感情」「古典世界の中国へのポジティブ感情」は、男女別子ども向け雑誌に共通していた。この対中感情の二面性は、次に紹介する、一五世紀から一六世紀に成立した陽明学の祖・王陽明の記事の導入部分からもうかがえる。

支那は、今でこそ国がおとろえて、世界の諸強国にあなどられて居るけれど、最も古い文明国で、ある時は、世界中に巾《はば》をきかせたこともあった。だから、大むかしから今日にいたるまでの間には、英雄豪傑といわれるえらい人も、少なからず出たのである。まず儒教をはじめた孔子や、東洋哲学の親玉ともいわれる荘子に老子、その外、学者、軍人、政治家、事業家、あるとあらゆる方面で、世界に名をあらわしたえらい人たちが、指おり数えるに遑《いとま》がないくらいだ。そして又、このえらい人たちの少年時代には、我々の手本とすべき言行も、甚だ少なくなかったのである。

（森桂園「王陽明」『少年世界』一九〇四年二月五日号）

1－39　王陽明の父・龍山公（王華）『少年世界』1904年2月号

1－39はこの記事の挿絵だが、「悪人」として描かれていた同時代の中国人とはまるで別物である。昔の中国偉人の描き方にはネガティブ要素はなく、それは明治末期、つまり一九一〇年代初頭まで一貫している。

対中感情の男女差異

少年雑誌と少女雑誌の大きな差異は、戦争関係記事数の多寡《たか》である。少年雑誌には多く、少女雑誌には少ない。この差は、実際に戦場に赴くことになる男性と、銃後の守りを託される女性という立場の差によるものだろう。あらためて言うまでもなく、戦争関係記事にこそ、激しい敵愾心を煽る記述があり、ネガティブな対中感情が見られる。

「豚尾」「豚尾漢」といった激しい蔑称を使用しているのは、総じて少年雑誌であり、

「憎い畜生」「蛆虫《うじむし》」といった辛辣《しんらつ》な表現も少年雑誌に特有のものだ。先述した「後の初子」(『少女界』)という小説では、初子の他にも中国人に誘拐された少年少女たちがいるが、彼らの会話に「又あの恐ろしいチャンチャン坊主がやって来るよ」との発言がある。これも、よくよく確認すると「男の児」の台詞だ。女の子はただひたすら泣いており、威勢のよい台詞は男の子からしか発せられない。

重要なのは、当時男女それぞれに求められていたあり方の違いだろう。たとえば、『少年世界』の発刊の趣意には「日本帝国を双肩に担うべき、我少年諸君は、今より大に剛健雄大の気象、克己忍耐の徳性、明截透徹《めいせつとうてつ》の智識《ちしき》を発揚せんことを要す」とある。つまり、少年は将来の戦争の担い手としての立場を期待され、戦争に慣れ親しむことは必須事項だった。

また、そのような立場から、他国への侮蔑感は、敵愾心の強さ=愛国心の強さの証明として、あるいは男らしさとして、許容されていたと考えられる。先述した「日米戯戦」という記事では、「泣く児をチャンチャンとあざけり、弱き児を清兵とさげしみし」行為を「尚武《しょうぶ》の思想をあらわし、敵愾の心に富める」と称賛していた。

一方、少女の場合、『少女世界』(一九〇一年一月号「少女の力」)では「少女が少年のように荒々しい性質をもって、威張り散らすようになっては困ります」「少女は何処までも少女らしく、温順、貞淑、優美の性情」を備えなければならない、と記される。また、言葉遣いも「優雅」にして「粗野らぬ様」心掛けることが肝要と説かれる。貞淑を求められる少女らしさ、あるいは愛らしく振る舞う少女像を追及しようとした場合、たしかに蔑称を叫びながら敵愾心を露わにすることは違うだろう。そのためか、露骨な中国人蔑称は少女雑誌では見ることはない。

第2章

「一等国」意識の大正期

――「負」の象徴と「日中親善」の声

1　悪人、滑稽の定着と道徳心――中華民国の成立と戦間期

辛亥革命と第一次世界大戦

大正期、つまり一九一〇年代から二〇年代半ばにおける日本と中国は、一八九〇年代の日清戦争や、一九三〇年代の日中戦争のように、直接的な敵対関係にはなかった。そのため、日清戦争時のように、少年雑誌の誌面が中国関係記事であふれることはなかった。あくまで子ども向けのメディアであるため、戦争でもなければ、政治外交上の問題が少年雑誌で大きく取り上げられることはなかったのだ。

しかし、一九一一（明治四四）年の辛亥革命や、一五年の第一次世界大戦中の対華二十一ヵ条要求とその後に日貨排斥運動などが起こり、中国への関心がまったくのゼロになることもなかった。特に、日清・日露戦争を経て獲得した満洲と内蒙古の権益（満蒙権益）は、日本人の対中政策における関心の根幹だった。

辛亥革命によって、日本に奪われた権益を回収しようとする動きが中国では顕在化する。日本が、第一次世界大戦に参戦した要因の一つには、満蒙権益の維持があった。少年雑誌の誌面をつぶさに見ていくと、その影響が確認できる。

大正期の代表的な少年雑誌『日本少年』

この章で主に取り上げる少年雑誌は『日本少年』である。

『日本少年』は、一九〇六（明治三九）年に創刊、三八（昭和一三）年に終刊した実業之日本社出版の月刊雑誌である（2-1）。読者層は小学校高学年から中学生で、誌面は口絵、小説記事、教養記事、漫画、詩、読者投稿欄などから構成されていた。明治期の少年雑誌の代表格だった『少年世界』を徐々に圧倒し、明治末から大正中頃にかけて少年雑誌の王者となる。当時行われた「どんな少年雑誌を読んでいるか」といった調査（『現今少年読物の研究と批判』）では、『日本少年』はつねに一位か二位であり、その影響力は大きかった。

『日本少年』は、口絵や挿絵にも力を入れ、川端龍子《かわばたりゅうし》や竹久夢二《たけひさゆめじ》といった一流画家を起用し、当時絶大な人気を誇っていた高畠華宵《たかばたけかしょう》を、ライバル誌の『少年倶楽部』から引き抜いた。後述するが、これは当時「高畠華宵事件」と呼ばれ話題になると同時に、『日本少年』がビジュアル表現を重要視していたことを示している。本章でも、『日本少年』の挿絵や写真といったビジュアル史料に着目し、当時の対中感情を探っていきたい。

猿蟹合戦のなかの第一次世界大戦

辛亥革命と第一次世界大戦の影響は、『日本少年』誌面にも如実に表れた。

辛亥革命の場合、戦争ほどではなかったにせよ、隣国の「革命」として大きな関心を寄せていた。その影響は、小説などの創作物にまで及ぶ。

たとえば、松山思水《まつやましすい》（『日本少年』の黄金時代を築いた編集者であり作家）の「怪奇小説 密書」（一九一六年一月一日号）がある。中国人の趙少年を助ける日本少年鉄弥を主

2－1 『日本少年』表紙（1916年4月1日号）．菊判，120ページ，1冊12銭．東京の小学校3校を対象にした質問調査（1917年）でも，「最も愛読せらるる雑誌」として『日本少年』の回答が一番多かった大衆的少年雑誌

人公とした物語で、中国の革命党（孫文派）を助け、間諜団の袁世凱《えんせいがい》派と戦うストーリーである。以下は物語の背景を説明する冒頭部分だ。

趙の父の趙史進は黄興孫逸仙等と共に支那革命を断行した憂国の志士であるが、袁世凱が大統領となると共に、急劇党の史進は袁に睨まれて、日本へ亡命して来た。然《しか》るに昨年末より世界の大問題となった袁の帝政運動が、どの位この志士の義憤を発せしめたであろうか……彼は如何なる手段を取っても、帝政に反対して、飽く迄も支那共和国を守り立てんと、直《ただ》ちに同志に檄して、一大秘密運動を開始した。

ここでは、辛亥革命以後の中国大陸における政治上の動向が記されている。「怪奇小説 密書」は連載だったが、登場する中国人には、「怪しい」「欲深い」「ずうずうしい」「無能」「馬鹿な欲張り野郎」「悪漢」「チャンチャン奴」といったネガティブな表現が散見できる。

第一次世界大戦については、「猿蟹合戦後日譚《ごじつたん》」（『日本少年』一九一九年九月五日号）にその影響が垣間見える。

この作品は、その名の通り猿蟹合戦の後日譚を描いた物語だ。お金儲けをするために、蟹・臼・蜂・猿などが「猿蟹合戦実記」と銘打って芝居をしようとする内容で、猫が舞台監督として登場する。この小説内に「×月×日、××町で愈々《いよいよ》このお伽劇団の旗上興行を行うことになった。舞台監督の猫は、顔こそ柔和なれ、狡《ずる》く立廻ることとベルサイユの支那講和委員にも劣らず、盛んに劇団のプロパガンダを試みた」という叙述がある。「狡く立廻ることとベルサイユの支那講和委員にも劣らず」という表現は、パリ講和会議での中国の山東権益の直接還付要求や、対華二十一ヵ条要求関連条約の撤廃要求に対する皮肉である。時事問題とは一見関係のない創作物に引用されていることがわかる。ここでは、登場人物の猫の「狡猾《こうかつ》さ」を、現実の中国の対応とリンクさせることで印象付けている。

当時の時事問題への関心の高さは、『日本少年』の読者投稿欄を見るとわかる。『日本少年』には「モノハツケ（物は付け）」という謎かけの読者投稿欄があった。一九一四年一一月一日号のお題は「モノハツケ　無くて宜《よ》い物は」だったが、大阪・山本壽三はお題に対して「支那の中立宣言」と答えている。第一次世界大戦勃発後の一九一四年八月六日に中国政府は中立を宣言しており、これに反応したものだろう。

一九一五年一月一日号のお題は「モノハツケ　小癪《こしゃく》なものは」だった。これに対して、大阪・日野正雄は「中華民国（支那）の中立違反呼ばり」、福島・花見直記は「支那の排日党」、福島・加藤次雄は「支那の抗議」、東京・佐藤一吉は「支那人の言行」と回答している。当時の中国・中国人の言動に対して、「小癪なもの」と不快感を露わにしていた。

日本の第一次世界大戦参戦（一九一四年八月二三日に対独宣戦布告）に対し、中国は中立を宣言し、ドイツ政府に山東省利権の返還を求めて交渉を続けたが、日本の軍事占領を阻止することはできなかった。

先の読者投稿（回答）は、当該時期の日中関係の模様を如実に反映している。また、この「小癪」という表現は、この時期ならではの対中感情だろう。この時代、中国は「一等国」たる日本と対等な存在ではあり得ず、日本に対する中国の発言・行動は、見下している存在が上の者に歯向かうという、「生意気」で「こざかしい」行為にしか映っていなかった。

日本人としてのプライドと「日中親善」

『日本少年』の読者投稿欄には、読者の日常生活に中国人が登場してくることがある。中国人が日本でどのように扱われていたのか、当時の様相が伝わってくる。以下は中田哉雄（一五歳）という一読者の投稿だ。

「正義の心」
土方が突然「オイ支那人、酒を飲め」彼は「私酒嫌い」「なんだ土方の酒だからのまないと云うのか」益々《ますます》食ってかかる。母が支那人に囁《ささや》いた。暫《しばら》く相手にならなかった。腕巻りして「こらチャン腕相撲するか」僕はひやりした。支那人は「人馬鹿にしてる、やって見よう」遂々《ついつい》相手になった。何回しても土方は狡猾《こうかつ》だった。彼に散々罵《のの》しられたので、店を出ようとした。「やいチャンこの小さい男に敗けた弱虫ッ」こう云って臀《しり》を蹴った。それでも彼は黙って行って了《しま》った。僕は堪《たま》らなく可哀想に思った。

（『日本少年』一九二二年一二月一日号）

ネガティブな対中感情が、社会一般に浸透・定着している当時の日本で、このような光景は珍しくなかった。一方で、その現実は、いまや「文明国」「一等国」としてのプライドを誇る日本人にとって、悩ましい問題でもあった。中田哉雄の投稿のタイトルは「正義の心」である。「他人を侮蔑することは、道徳的に良くない（正義に反する）」ことは、一五歳の少年でも理解できる。ただし当時は、戦争時でもなければという留保が必要だったが。

重要なのは、日本人のプライドの問題として、あるいは日本の国益を損なうという問題意識からだが、「侮蔑感情はよくない」「中国とも仲よくしていこう」という考えが、当時存在していたことだ。

第一次世界大戦中の一九一五年一月一八日、対華二十一ヵ条要求を日本政府は提出した。これは、さらなる中国内での権益拡大で中国政府への政治・財政・軍事顧問への日本人採用など、難題が多い要求だった。中国は反発し、日中関係はさらに悪化の一途を辿る。日本国内ではその懸念から「日中親善」についても議論されていた。『日本少年』でも次のような読者投稿が確認できる。

「排日の原因」兵庫県　有本二郎

運動場の前を一人の支那人が通る。周園《ママ》の土手は見るまに生徒で黒くなった。散髪

> のはよく見るが、弁髪しているだけに皆が珍らしがる。『ヤーイ、ちゃんちゃん』誰かが、こうどなった。続いてワーワーと云う声が起って生徒の群はひとしきりどよめき立った。彼の支那人は後を向いて、僕等をキット睨んだ。生徒は調子に乗って後からやかましくどなる。支那人の心中、察すべきである。六年生の時習った唱歌に、『彼を排する行いなくば、我を排する想いも消えん。』とあった。排日の原因は此処《ここ》にあるのだろう。
>
> （『日本少年』一九一九年一二月一日号）

日清戦争中であれば、愛国心に富んだ行動として称賛されていた生徒の行動が、この時代には同世代の少年からも疑義が投げかけられている。

この投稿への編集者のコメントにも「お互に深く自ら誡《いまし》めねばならぬ」とある。では、『日本少年』がネガティブな対中感情の蔓延にストップをかけるような誌面作りを行っていたのだろうか。答えを先に記せば、「ＮＯ」である。次に見るように、読者を楽しませる題材の多くに、ネガティブな対中描写が確認できる。綺麗事だけで雑誌は売れなかったからだろうか。

冒険・軍事・探偵小説に登場する「悪人」

明治後期の少年雑誌で冒険小説が流行していたことは、前章ですでに述べたが、大正期の少年雑誌でも、冒険小説は人気だった。

『日本少年』の場合も、「冒険小説」に加え「海国小説」「怪奇小説」と冠される小説も多く、冒険・軍事・探偵ものを積極的に取り上げていた。そして、大正期のその小説内でも、中国人が変わらず悪人として登場する。

次に紹介するのは、「冒険小説　地底の宝玉」（『日本少年』一九一四年五月一日号）のあらすじである。

汽船紫星丸は台湾に向けて神戸を出帆《しゅっぱん》した。乗組んだ者は船主住原友行、飛行家麻村重胤、その甥の厚少年―皆、台湾にて危地に陥りある岩間源蔵を救うて、地底の宝玉を探らんとする者である。出帆後彼等は、新たに雇入れた船員の点呼を行った。すると其中《そのなか》に怪しき支那人と印度人とが一名ずつ混っている事を発見した。其夜麻村が持っていた秘密の地図が何者かに盗まれた。

2－2　恐ろしい悪人として描かれている『日本少年』1915年９月５日号

2－3　盗みを働く怪しい中国人『日本少年』1916年５月１日号

ここでの「怪しき支那人」は、この後暴動を働くなど、主人公（日本人）の敵として描かれる。

2－2は、「冒険小説 軍港の深夜」（『日本少年』一九一五年九月五日号）という作品の挿絵だ。ここでも中国人は悪人として登場し、挿絵も恐ろし気な表情をしている。添えられた文章には「海図を盗った少年焼き殺してしまう事あります」とある。

2－3は、「絵画小説 爆裂弾」（『日本少年』一九一六年五月一日号）の挿絵だ。物語冒頭で、「怪しい支那人」が梯子《はしご》をかけて日本人の邸宅に盗みを行っている様子を描いている。

　2－4は、「妖怪写真小説　廃屋の怪火」（『日本少年』一九二三年六月一日号）の一コマだ。「写真小説」は写真と小説を組み合わせた作品である。次節で詳述するが、大正期は当時「活動写真」と呼ばれた映画全盛の時代だった。中国人は写真のなかでも悪役として登場した。左側の中国人も「眼付の怪しい」「怪支那人」と説明が付されている。

2－4　絵だけでなく写真でも登場するようになる中国人『日本少年』1923年6月1日号

　注目すべきは、中国人のトレードマークとして、弁髪に加え中華帽も現れるようになってきたことだ。清国から中華民国へ国家が変わり、「支那人＝弁髪」のイメージも次第に変わっていった。

　次に紹介する「少年小説　小曲芸師」（『日本少年』一九一九年三月五日号）は、「支那人」に誘拐された清夫という日本人少年が主人公である。

清夫は米国に連れ去られた後、「支那人」の家で養われつつ、「支那」の曲芸を仕込まれ、米国の曲馬師の一座に買われる。そんなある日、米国にやってきた日本人たちの前で「支那曲芸」を披露することになる（2-5）。清夫は、「あさましい支那姿の自分を我同胞の前に曝《さら》すのが、たまらなく恥しいような気になって」二の足を踏んでしまい、得意な曲芸を失敗してしまう。物語はさらに次のように展開する。

2-5　中国人に誘拐され中国人として働かされる日本少年『日本少年』1919年3月5日号

〔清夫が曲芸を失敗してしまうと〕「下《へ》手糞《たくそ》」「馬鹿野郎」「チャンチャン」「豚の尻尾」……なんどと云う罵声が、無遠慮な腕白《わんぱく》共から、連発されました。清夫の血はとうとう沸騰点を越えました。蒼白になって、舞台に突立ったまま「僕はチャンチャンではありません。日本人です。純粋の日本人杉田清夫と云うものです。子供の時に支那人に誘拐されて、こんな態《ざま》をして居たのですが、僕は日本人です。決して支那人ではありません。」

日清戦争後、運動会で「支那方」をやらされるのを極端に嫌悪した小説があったが、この小説も同様に「支那人扱い」されることが屈辱的だと強調する。日本人としての愛国の情に目覚めるきっかけは、「われわれ」日本人ではない、「彼ら」中国人の存在が必要不可欠だった。愛国心と他国への侮蔑感は紙一重であることがあらためて読み取れるだろう。

悪役としての中国人は小説に限らない。「船幽霊を見る」（『日本少年』一九二一年一二月一日号）は、心霊体験談のような読物だが、貨物船に密航した「怪支那人」が登場する（2‐6）。挿絵では、両手を合わせて何度もお辞儀し、日本人に許しを請うているが、実はこっそりと「世にも恐ろしい惨虐《ざんぎゃく》」（強盗殺人）を行っている悪人であり、最後は殺した女性の幽霊に道連れにされる話だった。

次の2‐7は、「米国で奴隷生活 高橋首相の少年時代」（『日本少年』一九二二年二月一日号）という伝記的記事の挿絵だ。ペリー来航の翌一八五四年に幕府の御用絵師の子として江戸に生まれた高橋是清は、一四歳でアメリカに留学するが、下僕として売られるなど苦労を重ねた。この挿絵は、その奴隷時代に出会った「支那人」であり、高橋少年の「威勢」に恐れている様子を描いている。また、文章中では「無礼」で「頗《すこぶ》る意地悪」だったことも強調されている。

2-6　ひざまつき日本人に許しをこう中国人
『日本少年』1921年12月1日号

2-7　日本人の回想に登場する中国人もネガティブ『日本少年』1922年2月1日号

2－8　弁髪を揶揄した四コマ漫画『日本少年』1915年2月1日号

漫画に登場する「滑稽」な中国人

前章で述べた明治後期には、少年雑誌の中国人描写の傾向として、悪人路線の他に、滑稽・嘲笑があった。この傾向は、大正期の『日本少年』でも同様だった。

2－8の四コマ漫画をみてみよう。大正期になると、コマ割りの漫画も増えてくる。新聞には明治期から漫画が掲載され、漫画専門雑誌も刊行され評判を呼んでいた。大正時代に入ると新聞は一層漫画に注力し、『朝日新聞』の岡本一平のような大人気を誇る漫画家が登場する。日本人が漫画に接する機会がより多くなっていたといえよう。

2－8の漫画のタイトルは「支那人ポンチ」（『日本少年』一九一五年二月一日号）。漫画のキャプションは次の通りだ。

一コマ目〔日本人〕オヤ橋がない。支那人君智慧《ちえ》をかして呉《く》れたまえ。

二コマ目〔中国人〕私髪向うへくる、渡ること出来ます。あなた渡るよろしい。

三コマ目〔日本人〕このところ綱渡りとござい。ハハハハハハ。

四コマ目〔日本人〕有《あり》がとう。君お礼するから来たまえ。〔中国人〕髪が解けんことあります。

2－9　滑稽の対象だった中国人『日本少年』1915年３月１日号

明治期にも見られたような中国人の弁髪を揶揄した笑い話である。中国人が相変わらず滑稽の対象となっている。

2－9の漫画は三コマ漫画だ。キャプションを読んでみよう。

一コマ目　支那人が洋服を着ようとしたが、生憎《あいにく》とズボン吊《つり》がない。困っていると、其処《そこ》へ日本の少年がやって来て「君、僕がズボン吊をこさえてあげましょう。」

二コマ目　少年は支那人の後にまわると、長い弁髪を前と後とに廻して、ズボンのボタンにくくりつけた。するとこの通り立派なズボン吊が出来あがった。

三コマ目「支那人君ズボン吊が出来たよ。」「有《あり》がとう。あなた中中発明家ありますす。このズボン吊お金いくら出しても買うこと出来ません。」少年「アハハハ。」

2－8も2－9も、中国人はされるがままである。顔の描写からは、ぼんやりとした間抜けな表情が読み取れる。悪人とは違う、滑稽の対象としての中国人も、日本人の中国人イメージとしてなお強かったようだ。大正期もまた、中国人は憎き悪者であり、嘲笑の的でもあった。それは、日清戦争期と変わっていなかった。

不動の古典世界の中国

他方で、古典世界の中国についての記事も、明治期から変わらなかった。明治期の少年雑誌と比べ、数は多くないものの、ゼロにはならない所に意味があったといえよう。

『日本少年』は、「三国志」「西遊記」「水滸伝」といった古典世界の中国作品を、面白い著作として紹介している。2-10は、「水滸伝」の登場人物、武松を紹介した作品の表紙だ。タイトルは「水滸伝英雄　武松の虎退治」。登場人物は、「豪傑」「豪勇」「英雄」といったポジティブな表現と重なるように、「勇ましく」「凛々しく」描かれている。同時代の中国人の弁髪を揶揄した漫画とは対照的だ。

「豪傑」「英雄」以外の中国偉人としては、たとえば、2-11の広告に登場する人物が象徴的だろう。「雪あかり」と題し、次のように記される。

2-10 滑稽味を感じさせない中国偉人
『日本少年』1923年7月1日号

> 昔支那に雪あかりで学問して偉らくなった人があった、これは誰でも御存じの筈《はず》です。私達は電灯も瓦斯灯《ガスとう》もあり、何不自由のない世の中に生れて居ながら、何故《なにゆえ》にこうした

無益な時間を過ごして居るだろう、実際しっかりしなくてはなりません、今や夜が永くなることが時間とお金に乏しき独学者にとって最も難有《ありがた》い賜《たまもの》です。勉強しましょう！勉強しましょう！而《そ》して人一倍苦心をして昔に負けない偉い人になりましょう！

（『日本少年』一九一九年一二月一日号）

「昔支那に雪あかりで学問して偉くなった人」と紹介されているのは、中国晋代の学者・孫康だ。2－11も孫康だろう。当時、蛍の光で勉強したとされる車胤とともに「蛍雪の功」の故事で「誰でも御存じ」の偉人だった。

大正期には、明治期と同様、「西遊記」「水滸伝」といった「面白い」作品に加え、孫康のような中国偉人が教育的価値のある模範的人物として例にあがっている。

他にも、万里の長城の写真が掲載され次のようなキャプションが付されている。

〔長城を築いた〕始皇帝の威力は支那四百余州を圧倒していたのでございます。併《しか》しそれも儚《はかな》き夢と消えて、漢が興り、魏が興り、隋が興り、唐、宋、元、明、幾度か支那の歴史は遷《うつ》り変って清の代となり、その清も此《こ》の頃滅びて、今の支那は未だ何となく落着きがございません。

（『日本少年』一九一九年三月五日号）

さらに、「昔は世界に先立って立派な文明を開いた支那が、段々衰えて今の有様になった」と記している。過去の中国の繁栄・栄華が、よりいっそう現在の没落状況を浮き彫りにしている。

「万里の長城」は、『日本少年』の別の号（一九一七年九月五日号「世界一の城郭―支那」）でも取り上げられている。そこでも、万里の長城を眺めていると、「興亡盛衰」の跡が思いやられて、詩人でなくても「国敗れて山河あり、城春にして草木深し」の感を抱

2-11 少年雑誌の広告にも登場する中国偉人『日本少年』1919年12月1日号

かずにはいられないと記されている。

「国破れて山河在り」とは、中国の詩人杜甫の詩の一節である。大正期の中国は、多くの日本人にとって敗者であり、終わった国として受け止められていた。

日本偉人の漢学の素養

さて、明治期の『小国民』『少年世界』も、大正期の『日本少年』も、日本の少年雑誌である。当然中国人以上に日本人についての記事のほうが誌面の多くを占めている。当時、さまざまな分野で活躍する著名人の記事には、幼少時代を回顧したものが散見できる。そのなかで、古典世界の中国という側面から注目すると、漢学・漢籍を学んでいた人物が多いことに気が付く。

たとえば、当時宮内大臣だった渡辺千秋（一八四三〜一九二一）は、「初めて演説をして大勢の人を驚かしたる余の少年時代」で、次のように回顧する。

私は天保十四〔一八四三〕年に産れた。〔中略〕母は郷里の信州諏訪に於いて、名の知られた漢学者の三輪逸斎という人の娘だけあって、読書の出来る人であったから、私始め直弟の今の子爵渡邊国武や妹まで側へ呼びよせて、漢書の句読を授けられた。私は三字経《さんじきょう》から始めて四書《ししょ》の全部を終え、五経《ごきょう》の半まで教わった。

（『日本少年』一九一四年三月一日号）

三字経《さんじきょう》とは中国の伝統的な初学者用学習書のことで、四書五経《ししょごきょう》とは、儒教の基本書とされる四書（大学・中庸・論語・孟子）と五経（易経・書経・詩経・礼記・春秋）である。

当時逓信大臣だった箕浦勝人《みのうらかつんど》（一八五四～一九二九）も、「七つ八つの頃から、郷党の先輩の所や、塾を開いている先生の許《もと》に通って、句読と云って、六ケ敷《むつかし》い漢文の読み方ばかりを習ったものだ」（『日本少年』一九一五年一一月一日号）と回顧する。

大正時代、当時活動していた政治家や官僚の多くは、江戸時代末期の生まれであり、漢学の素養を持つ者も多かった。彼らは、古典世界の中国偉人たちを、ポジティブに捉えたびたび紹介している。

これは軍人も同様である。薩摩出身の海軍大将だった樺山資紀《かばやますけのり》（一八三七～一九二二）は「自分の好きな英雄」のなかで、「私は少年の時代から今日まで敬愛して居る四人の英雄がある。即《すなわ》ち我が国に於《おい》ては、楠木正成と源義経、支那に於ては諸葛亮と、孫子とである」（『日本少年』一九一四年二月一日号）と語る。日本偉人と中国偉人を「英雄」として同列に括り、かつ敬愛していた。

陸軍中将となる大澤界雄《おおさわかいゆう》（一八五九～一九二九）も、「戦争ごっこ計《ばか》りして腕白大将と呼ばれた余の少年時代」のなかで、自身の少年時代を次のように語る。

> 少し字が読めるようになってからは、歴史に非常な興味を持つようになって、暇さえあればそれを読み耽った。〔中略〕支那に於《おい》ては諸葛亮が孤忠に感じ、岳飛が勇を思った。〔中略〕これらの英雄は皆私にとっての愛人であった。それで友達と一緒に戦争ごっこをする時にも、これら英雄達の伝記から得た知識によっていろんなことをして見た、たとえば韓信が背水の陣だとか、田単が火牛《かぎゅう》の謀〔ママ〕だとか、楠木正成が千早城の詭計《きけい》だとか云うようなことである。
>
> （『日本少年』一九一三年一一月一日号）
>
> 〔傍線部は筆者〕

江戸時代の「戦争ごっこ」は、「諸葛亮」や「岳飛」「韓信」「田単」といった古典世界の中国の武将になりきって行われていたことがわかる。大正期は、幼少時代に学んだ中国古典や古典世界の中国偉人を敬愛し、古典世界の中国への憧憬や親しみが、まだ根強く残っていた時代だった。

2 世界での「負」の感情――映画・漫画のなかの中国

娯楽の王者「映画」の時代

これまで一般民衆の心情を探るうえで少年雑誌を見てきたが、これらを相対化するうえで、最も適当なメディアは映画だろう。子どもを含めた一般民衆層に、当時最も人気だったメディアだからだ。

映画は、一八九六(明治二九)年に「キネトスコープ」と呼ばれる映像機器が、日本で輸入・公開されたことに始まる。先に少し触れたが、大正期には活動写真と呼ばれていた。一九一二(大正元)年には、日本で初めて映画製作から輸入・配給・興行までの全部門を備えた日本活動写真株式会社（日活）が設立。大正中期には、複数の映画会社が作品や興行収入で鎬《しのぎ》を削っていた。一九一〇年代初頭頃から映画館も各地で急増し、入場料も廉価《れんか》で、民衆の一大娯楽となっていた。

この時期に上映されていた作品の多くが欧米映画だった。当初からヨーロッパ映画の輸入は活発だったが、第一次世界大戦頃までに劇的にその数を増やし、第一次世界大戦後はアメリカ映画が急増する。一九二〇年代半ば以降になると、日本映画の勢力も次第に増してくる。

本節では、数多く公開された欧米映画の中国描写を見ていくが、それが日本人観客の対中感情に影響を与えていた点に注目したい。日清・日露戦争の勝利による、日本が欧米列強に並び立ったという「一等国意識」は、さらに欧米の眼差しを強く意識することにもなったからだ。

また、当時の映画状況や、実際の映画内容を確認しようとする際に参考となる史料が映画雑誌である。映画研究の基本作業は、実際の映画を見ることが肝要だが、戦前・戦中のフィルムは、関東大震災やアジア・太平洋戦争の惨禍のなかで多くが失われている。ただ、映画雑誌があれば、映画の簡単なあらすじや批評、スチール写真が掲載されているため、フィルムがなくとも最低限の情報は知ることができる。

人気を誇る「支那劇」

中国人が登場する映画や中国が舞台の映画、中国古典を題材にした映画などを、「中国関係映画」と呼ぶとすれば、当時「支那劇」とも呼ばれた中国関係映画は欧米製作・日本製作に関わらず人気だった。当時の各種映画雑誌上でも「支那劇これだけでも充分呼べる」「支那劇である事は受けるであろう」「支那劇という物は常に当てる物だ」と評価されている。

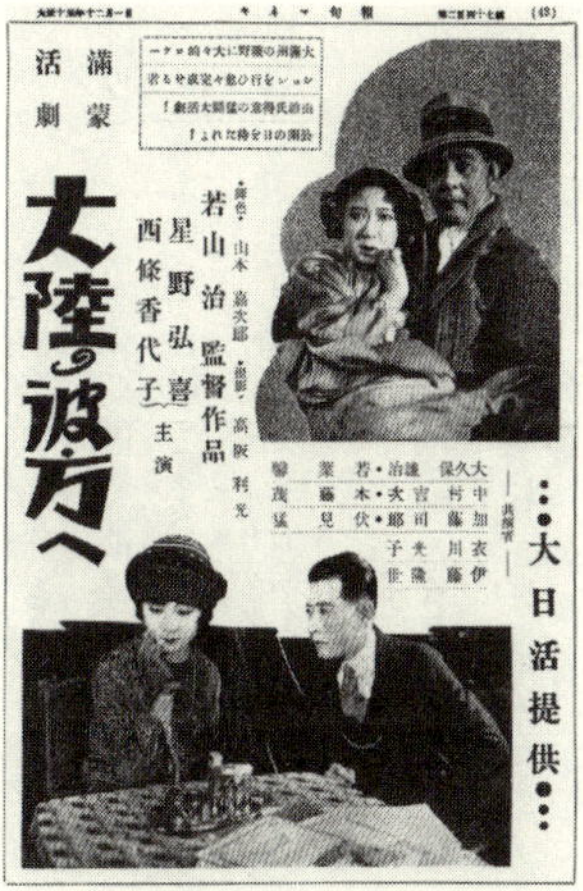

2-12　異国情緒が味わえる中国関係映画『キネマ旬報』1926年12月1日号

2-12は『大陸の彼方へ』という日活の日本映画の広告だが、「満洲ロケ」が強調され、映画雑誌でも「満洲ロケーション。それが呼び物となるであろう」と紹介している。

中国大陸でのロケがセールスポイントになったように、中国関係映画の魅力は、エキゾチック感や異国情緒を味わえる点にあった。もちろん欧米映画の場合、ここにはオリエンタリズム的な眼差しが多分に含まれている。

映画は、大正期には、遠い異国の情景をもっともリアルに映し出すメディアであり、映像を通して得られる中国情報は、当時の日本人の対中感情に大きな影響を与えていた。

欧米映画でも悪の象徴とされる中国人

当時の欧米映画では、中国人を悪人として配役する映画が多かった。『死線の勇者』(一九二三年日本公開)、『拳骨《げんこつ》』(一九一六年日本公開)、『恋に国境なし』(一九二四年日本公開)、『夢の街』(一九二三年日本公開)、『スエズの東』(一九二六年日本公開)といった冒険・探偵・恋愛映画など、さまざまなジャンルで中国人は悪役として登場している。

それは、日本の少年雑誌の冒険・探偵ものの小説で、悪役として登場する中国人と同じだった。映画雑誌に紹介されたあらすじを追うだけでも、登場する中国人は悪事を企み、阿片の密輸入や盗みなどを行う、「悪漢」「悪支那人」だった。

その背景には、一九世紀から二〇世紀初頭にかけての欧米での排華運動や黄禍論に象徴される人種的偏見が考えられる。

２-13は、アメリカ映画『恋に国境なし』（一九二四年日本公開）の広告だが、女性の首を絞めている中国人の姿が確認できる。登場する中国人全員が悪者ではなく、「性質のよき支那人」も登場する。

２-13　悪役の中国人を西洋人が演じている『キネマ旬報』1924年５月１日号

大正期の中国関係映画として最も著名であろう作品は、アメリカ映画『散り行く花』（一九二二年日本公開）だ。ロンドンの貧民窟ライムハウスを舞台に、若い中国人と貧しい少女の悲恋を扱った、アメリカ映画の父と言われるD・W・グリフィスの名作だ。映画雑誌で、「東洋的な香気、色合」が「世界人の興味をそそるに十分なもの」と評価されている。以下は映画雑誌での紹介である。

物語は倫敦《ロンドン》の支那街に起る。パトリング・バーロウスと云う拳闘家は一人の美しい娘を虐待し、或は投擲《とうてき》し、或は鞭ち《むちう》、残酷の限りを尽して居た。或時娘は支那人の戸口に気を失って倒れた〔中略〕支那人は、娘を援《たす》けて我が家に入れ、鞭の傷の手当をし、柔かい絹の着物を被せて介抱した。

（『キネマ旬報』一九二二年四月一日号）

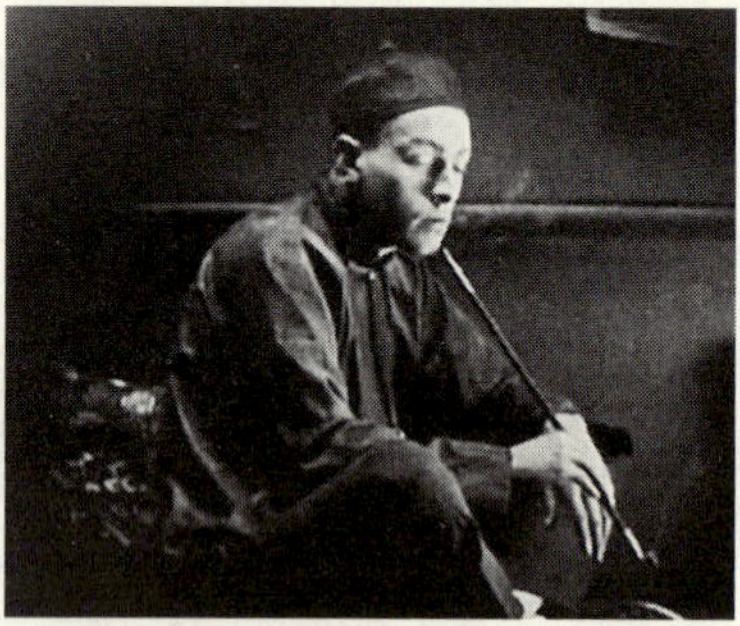

2-14 中国人の青年が阿片を吸うシーン 映画『散り行く花』1922年公開

登場する中国人は心優しい青年で、一見すると中国に対する西洋の寛容さとして受け取ることもできる。一方で、作品全体からは、陰鬱とした「支那街」の雰囲気が漂い、そこに住む「支那人」たちのネガティブイメージも強い。中国人青年が阿片を吸う場面や（2-14）、サイレント映画のため西洋人の台詞に「中国人なんかと（"You! With a dirty Chink!"）」などの字幕も見える。

興味深いのは、『散り行く花』を見た日本人観客の感想である。『キネマ旬報』（一九二二年四月二一日号）には、「ブロークン・ブロッサムス私評」という読者の寄書文がある。ある読者は、娘を殺してしまった父親とそれを発見した中国人青年の対決の場面の感想として、「ピストルを握りながら勝利の予感に気味の悪い微笑を見せる所等は最もよく支那人が性格を表現して居る」と述べている。日本人観客によっては、中国人を不快に感じる場面もあったということだろう。

日本映画のなかでの中国人

欧米映画における中国人描写の傾向は、日本映画でも同様だった。『恋の一念』（一九一七年公開）、『民族の血』（一九二四年公開）、『籠中《ろうちゅう》の鶯《うぐいす》』（一九二六年公開）、『兄弟』（一九二三年公開）、『潜水王』（一九二五年公開）といった作品で、人攫《さら》い、盗み、毒薬を盛る、暴行を加えるといった悪業を行う「支那の悪漢」が登場する。

ここでは、映画雑誌に掲載された広告やスチール写真から、中国人の描写を具体的に見ていきたい。

2-15は、一九二五年に公開された『幻の帆船』という「支那劇」の広告だ。映画雑誌では、「劉宗は揚子江の伝説「幻の帆船」より暗示を得て南京に白狼教と云う怪教を樹立し揚子江沿岸を荒し廻って居た」と紹介される。2-15の右上が、怪教の教主の中国人だろうか。薄気味悪さを演出している。

2-15 日本人が薄気味悪い中国人を演じている『キネマ旬報』1925年9月11日号

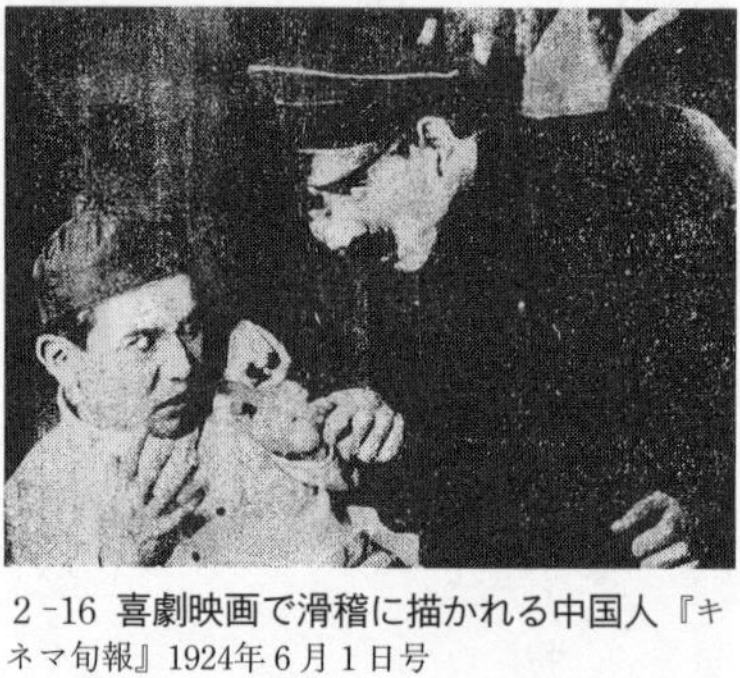

2-16 喜劇映画で滑稽に描かれる中国人『キネマ旬報』1924年6月1日号

2-16は、一九二四年に公開された『七面鳥の行衛』という作品のスチール写真だ。映画雑誌で「抱腹絶倒の喜劇」と紹介される探偵劇だが、「支那の富豪」の未亡人がダイヤモンドを盗まれることから事件が起こる。「命より大切にして居た」ダイヤモンドという記述に、中国人一般に対する貪欲《どんよく》イメージが読み取れるが、物語には盗まれたダイヤモンドが取り戻されたとの連絡を聞いて、「支那の富豪未亡人」がうれしさから気絶する描写もあり、滑稽にも扱われている。2-16の左の中国人は、指輪を盗んだ犯人で、問い詰められている様子である。喜劇ならではの滑稽さも見える。

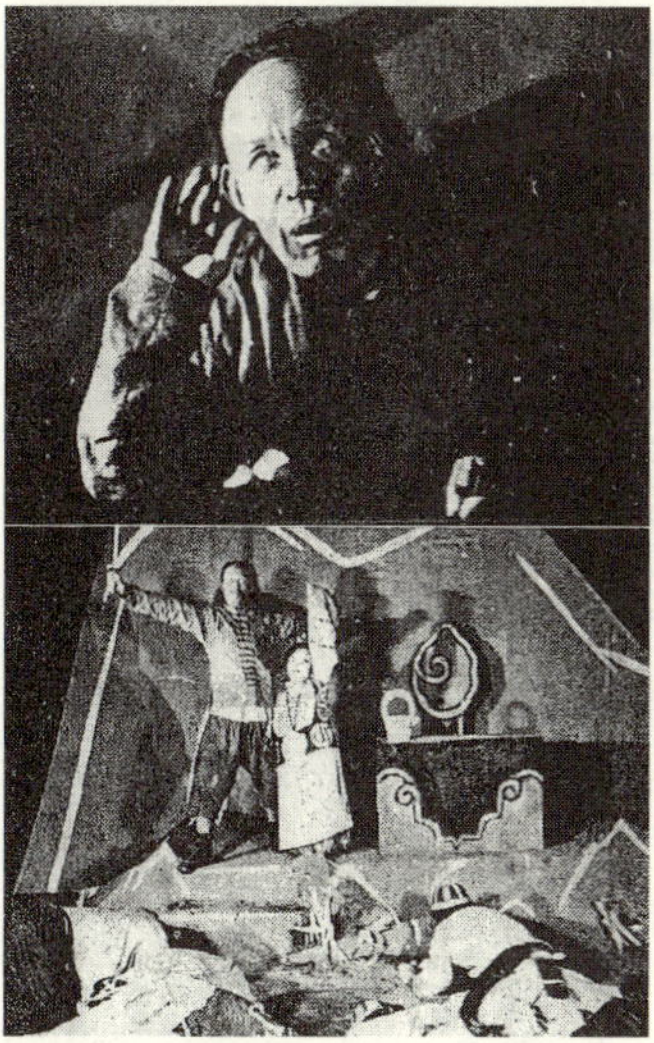
2-17 **描写が露骨すぎて上映禁止となった中国関係映画** 『キネマ旬報』1924年9月11日号

ネガティブな対中感情が表れている中国関係映画として、最も象徴的なのが、一九二四年に公開された『無銭不戦』だ。当時の人気漫画家・岡本一平の原作「無銭不戦」を映画化した作

2-18　**自分の生き死にの場面でもお金が一番という中国人**　岡本一平『一平全集』先進社，1930年

品である（2-17）。

　物語の冒頭では、「支那は傭兵《ようへい》制度の国である。兵卒は銭にさえ成れば誰の部下にでもなる。給金が貰えなければ戦争はしない。無銭不戦が彼等のモットーである」と紹介される（『キネマ旬報』一九二四年九月一一日号）。主人公の孟八郎は、お金が貰えないので将軍のもとを去って、ある町に流れ着く。その町で美しい娘が孟八郎に恋をするのだが、彼は恋の相手さえお金を貰わないと勧めなかった。「お金に貪欲」な様子を滑稽に描いた作品といえよう。

　2-18は、岡本一平の原作漫画の最終コマだ。「金にならぬ仕事なら生きてやる事さえ御免蒙る《ごめんこうむ》」といって、命よりもお金をとって水底へ自ら沈み死んでいく様子を描く。日清戦争以降の「中国人＝お金に汚い、貪欲」イメージが、大正期にも日本社会一般に定着していた。

この映画は、試写会後に当局の検閲によって上映禁止となった。半年間のお蔵入り後、京都では公開されたが、東京では公開はされなかったようである。上映禁止の理由は、「支那人の心理を余りに露骨に描写して居る」だった。実際に、試写会を見た一人は、「徒《いたず》らに支那人を侮辱するような感じばかりが残る不愉快な映画である」(『都新聞』一九二四年九月一三日付)と述べていた。

上映禁止――当局による「日中親善」の目論み

『無銭不戦』が上映禁止になったのは、当時の日中関係や対中政策と無関係ではない。先述したように、大正期は直接の戦争はなかったものの、第一次世界大戦時の対華二十一ヵ条要求や、その後の山東問題によって、中国の対日感情が悪化し、五・四運動という反日運動が起こっていた。日中関係の悪化、その打開のために、民間レベルでも「日中親善」が盛んに叫ばれていた。その傾向はすでに述べたように少年雑誌でも垣間見ることができた。

当時の映画雑誌も、『無銭不戦』の上映禁止について、「支那兵を侮辱した筋の映画は日支親善上面白からずとあって、外交上から不許可は日本映画としては珍しい」(『芝居

2-19「日中親善」をテーマにした映画も作られていた
『キネマ旬報』1922年11月11日号

とキネマ』一九二五年二月号）と指摘する。第一次世界大戦後のワシントン体制、つまり各国の協調によるアジア・太平洋地域の新しい国際秩序に象徴されるように、中国をめぐる問題は、日中間だけでなく、国際社会全体に関係するものとなっていた。ネガティブな対中感情が日本社会を覆うなかで、中国とのよりよい関係の構築を目指す動きもあったのだ。

さて、「日中親善」の観点から上映禁止になる映画があれば、「日中親善」を全面に押し出した映画もあった。『堅き握手』（一九二二年公開）である。少し長いが、映画雑誌で紹介されたあらすじと、そこで掲載されたスチール写真（2-19）を見てみよう。

略筋。李鳳は支那の或《ある》町の酒場の主人で、頗《すこぶ》る情深い男であった。或夕、息の李化を連れて外出の帰途、一人の日本人が路上に病の身を横たえて居るのを見て、之《これ》を連れ帰って手厚く看護した。日本人は阪井輝夫と云った、彼は李鳳の恩に感じて、その酒場の使用人の一人となって忠実に働いていた。李鳳の愛妾《あいしょう》黄紅桃は美しい容貌にも似ず大胆にも馬賊団と気脈を通じ、李鳳の財産を覗《うかが》っていた。或夕、馬賊の一隊は李家を襲い、李化を奪い去った。之を知った阪井輝夫は、恩人の為に身を粉にしてもと決心し、馬賊の跡を追い、或いは孤島の洞窟に、或いは大平原の真中に大格闘数刻、終《つい》に李化を奪い返した。李鳳は涙を流しつつ阪井と堅き握手をした、之ぞ日支親善の基ともなるべき永遠の握手である

（『キネマ旬報』一九二二年一一月一一日号）

『堅き握手』が封切られた一九二二（大正一一）年は、山東懸案解決に関する条約で、山東半島における権益を中国に返還した年だった。この時期に映画作品でも「日中親善」が強調されている点は興味深い。

参考までに、四年後の大正末年に公開された『港の謙吉』（一九二六年公開）という作品のあらすじも同様に見ておきたい。

登場人物は、梨鳳仙、山名謙吉、林徳生、荒尾五郎、名もなき「怪支那人」である。ここにあげた全員が「美しい支那娘」梨鳳仙に想いを寄せている。山名謙吉と林徳生は、母を失った不幸な梨鳳仙に同情し、世話をしていたが、「港に巣食う一人の怪支那人」や荒尾五郎といった悪人たちも、梨鳳仙を自分のものにしようと画策していた。物語のクライマックス、山名謙吉は荒尾五郎と格闘のすえ命を落としてしまう。映画雑誌のあらすじは、その最後を次のように記している。

謙吉は五郎の室に躍り込み格闘の末身に五弾を受けたにも屈せず、禍根《かこん》の証文をストーブに投げ込んで了《しま》った。謙吉は父に不孝を詫び、二人の異国人〔林徳生と梨鳳仙〕の将来を祝福しながらそして日本と支那との親交を希《こいねが》いつつ瞑目《めいもく》した。

(『キネマ旬報』一九二六年二月二一日号)

最後のとってつけたような「日本と支那との親交を希い」の文言からも、日本が強調する「日中親善」には限界が見えている。日露戦争時の少年雑誌にもある「弱い中国を助ける強い日本」という構図だからだ。大正期は、日清・日露、第一次世界大戦を経た日本の一等国としてのプライド、アジアに対する指導者意識も強くなっていた。
また、美しい中国人女性「鳳仙」がいる一方で、悪者としての「怪支那人」も登場する。先述の『堅き握手』でも同様だが、「日中親善」を謳った映画にも、悪役の中国人は当然のように登場していた。

「日中親善」を謳った映画は昭和戦中期にも数多く作られるが、それらもまた、抗日をやめない中国人は懲《こ》らしめるが、そうではない中国人とは仲よくすべきという考え方に沿っていた。日本の「日中親善」の表現は、日本にとって都合のよいストーリーでしかなかった。

日本映画独自の中国関係映画

欧米映画には見られない、日本ならではの中国関係映画として、「西遊記」や「水滸伝」を題材にした作品がある。『日本少年』でも、「西遊記」「水滸伝」といった作品を連載していた。同時代の中国だけではなく、古典世界の中国を題材にできるのは、中国との歴史的交流関係の深い日本ならではの特徴といえるだろう。

「西遊記」は周知のように、玄奘三蔵が孫悟空（猿）、猪八戒（豚）、沙悟浄（河童）などを従え、妖怪と戦いながら天竺（インド）に至る話だ。中国の通俗小説『西遊記』は、日本でも古くは江戸時代から講談や歌舞伎で頻繁に上演されてきた。大正期の映画でも、たとえば『西遊記』（一九一七年公開）という同名のタイトルで製作されている。

この作品への感想・批評には、以下のようなものがあった。

今迄のどれよりもよいフィルムであった。殊《こと》に私には沙吾淨が激流の中から這い出す場面や、最後の三蔵法師馬上の場面などは、最も好きな情景の一つであった。未だ明け放れぬ水の辺を、馬上豊かに三蔵法師が帰途につかれる。その時推移して行く明方の空気は、何となく人々の心を引き入れるのであった。

（『活動画報』一九一七年五月一日号）

私はこの写真こそ、我国に於《お》ける最初の、且《か》つ最も忠実な老作品であることを深く感じたのであります。

（『活動画報』一九一七年五月一日号）

「西遊記」という作品そのものに、日本人は親しみを感じていたのだろう。

その他、大正期に上映されていた作品として、『豹子頭林冲』（一九一九年公開）がある。林冲は「水滸伝」の登場人物で、魯知深の義兄弟として知られる。映画雑誌では「昔支那に居た豪傑」と紹介され、2-20のようなスチール写真が掲載されている。

この写真は、林冲とその夫人役を撮ったものだ。観客の感想は、「あなた支那劇御覧になって！〔中略〕活動写真の支那劇だわ、日活で撮った豹子頭林冲よ、林冲って偉い人ね、奥さんの張という方が大変美人であったために……」（『活動評論』一九一九年八月一日号）とある。2-20の写真は、凛々しい林冲と、美人の誉《ほまれ》が高かったその夫人を写した場面であり、ネガティブなイメージは一切感じられない。

映画は収益性確保のため、興行的に成功することが求められる。そのため、多くの人に昔から親しまれ、娯楽性が高かった「西遊記」や「水滸伝」がピックアップされたのだろう。そこが教

2-20 大正期の日本人にも楽しまれていた水滸伝『活動評論』1919年8月1日号

育的側面も持つ少年雑誌とは異なるが、古典世界の中国へのポジティブ感情という側面は、両メディアで共通していた。

宮尾しげをの子ども向けストーリー漫画

ところで、映画が近代日本の漫画文化に大きな影響を与えていたことは、以前より指摘されている。大正期になると、新聞・雑誌が物語形式の漫画を連載するようになっていたが、その代表とも言える漫画家に、先述した上映禁止映画『無銭不戦』の原作者・岡本一平がいた。

岡本一平は少年時代に興味をもった映画から、インスピレーションを受けていたとされる。それを裏付けるように、一九一七年には「映画小説・女百面相」という新形式の漫画を発表している。これは連続コマ漫画で、コマの枠が映画のフィルムのようにデザインされ、コマの枠外に文章が付されている。これを岡本は「漫画漫文」スタイルといった。映画のようにストーリーが展開し、風刺画など一コマ漫画が多かったなか、ストーリー性を漫画のなかに入れようとしたものだ。昭和戦前期以降、主流となるストーリー漫画を見ていくうえでも、この点は押さえておく必要がある。

2－21 生き胆を取ろうとする悪人の中国人　宮尾しげを『団子串助漫遊記』大日本雄弁会講談社，1925年

その岡本に師事して漫画を描き始めたのが、宮尾しげをである。宮尾は岡本の「漫画漫文」スタイルを継承し、ストーリー性のある子ども漫画の分野を開拓した。その作品の代表に『団子串助漫遊記』（『東京毎夕新聞』一九二三年連載）があるが、講談社が単行本で刊行し好評を得ていた。

ストーリーは、主人公の少年剣士「団子串助」が、東海道から長崎への武者修行の途中、悪者を退治するものだ。その悪者役の一人として中国人が登場する。2－21の悪役中国人は、薬の原料として団子串助の生肝を取ろうとしている。明治時代の押川春浪の冒険小説でも、人間の生肝を抜き取って密売する極悪非道の「支那人」が登場していたことが思い起こされる。

2－22は「怪しの支那人」である。呪文《じゅもん》を唱えると、籠《かご》が空から飛んできて串助を閉じ込めてしまう。北清事変時の『少年世界』に掲載された「不思議な妖術」を使う「義和団匪」が思い起こされる。中国人への「怪しい」という表現も大正期の中国関係映画と共通している。

宮尾はまた『漫画西遊記』を執筆している（2－23）。その「はしがき」では「御承知の如く西遊記は、支那の唐の太宗の代に、僧の玄奘三蔵（作品内では「えらい和尚」と紹介）が、西蕃の諸国を過ぎて中印度に入り、居ること十年、多くの梵本《ぼんぽん》を得て帰ったという史実を元として、作られた一つの伝奇物語です」と紹介する。日本では「すべて

2－22 妖術を使う怪しい中国人 宮尾しげを『団子串助漫遊記』大日本雄弁会講談社，1925年

2－23 子どもたちにも愛されている「西遊記」 宮尾しげを『漫画西遊記』婦女界，1925年

を絵で、しかも漫画で描いたものはない」ので「漫画物語で行ったらきっと面白かろう」という理由で執筆したとする。

同時代の中国へのネガティブ感情と古典世界の中国へのポジティブ感情という中国観は、宮尾個人にも〝併存〟していた。漫画の面白さを追及するうえでは、この二つは矛盾しない。

宮尾しげをの偽物はさらに過激に

さて、先に紹介した宮尾の『団子串助漫遊記』には続編がある。『其の後の団子串助』（一九二八年）だ。ただ、著者は「宮原しげる」である。後年、宮尾自身が宮原しげるの作品を取り上げながら、「宮尾しげをに似せた筆者名とはインチキである。本屋に並んだのを遠くから見ると、ごまかせる」（『書祭（天）』）と指摘するように、別人の作品だった。勝手に続編が作られるほど、宮尾の「団子串助」の人気が高かったのだろう。

『団子串助漫遊記』を日本編とすると、『其の後の団子串助』は世界編だ。中国に始まり、その後ロシア、フランス、イギリス、スペインなどを周遊し、同時代の偉人から過去の偉人までさまざまな著名人と戦いを繰り広げる。『其の後の団子串助』は海外編と

2-24 **滑稽的に倒される中国人** 宮尾しげる『其の後の団子串助』春江堂，1928年

いうこともあって、中国人描写が多く、本書では史料的価値がある。子どもへの受けを狙った同時代人の対中感情の一端として見ていきたい。

『其の後の団子串助』での中国人への蔑視感情は、宮尾の『団子串助漫遊記』に比べ、より過激である。串助の台詞や地の文に、「豚尾のチャン君」「弱虫のチャン君」「チャンコロめ」「しゃらくさいコロチャンめ」「豚尾のチャンチャン」といった蔑称がふんだんに使われている。蔑称のバリエーションが多いのは、他国にはない中国人への特徴でもある。また、日清戦争時に、激しい敵愾心をぶつけるかのように使われていた「豚尾」「チャンチャン」は、大正末にもなると、どこか相手を小馬鹿にしたニュアンスが強くなっている。2-24の中国人も、恐ろしい悪人というよりかは、どこか滑稽である。

ちなみに、ここで登場する「チャンコロ」は、「チャンチャン」の「チャン」に犬コロなどの「コロ」がついた蔑称だと言われる。昭和戦前期には「チャンコロ」が中国人を指す蔑称として主に使用されるようになる。この作品では、日清戦争期に浸透した「豚尾」「チャンチャン」だけでなく、派生蔑称である「チャンコロ」が合わせて使われている。谷崎潤一郎は一九五四年の自身の回想で、「チャンチャン坊主」という呼称が「彼等が弁髪を廃した頃（中華民国になって廃止）から次第にわれわれも口にしないようになった」（「老いのくりこと」『谷崎潤一郎全集』第二八巻）と述懐するが、辛亥革命後も「豚尾」「チャンチャン」の蔑称は使われ、それは『日本少年』でも同様だった。

2－25　**水滸伝の豪傑たちも敵ではない**　宮尾しげる『其の後の団子串助』春江堂，1928年

『其の後の団子串助』で興味深いのが、この作品のその後の展開だ。中国人海賊を倒した後、中国人の親玉として『水滸伝』の豪傑たちが登場する。子ども向け漫画のため、奇想天外だが、その描き方に注視すると、同時代の中国人たちとは扱い方が異なっている。

2－25は、『水滸伝』に登場する武松と李達だが、地の文では「阿修羅のような豪傑連です」と紹介される。同時代の中国人のように、蔑《さげす》んだ対象ではない。ただし、さしもの「支那豪傑」も、最後には串助に敗れてしまう。日本人の優秀さは揺るぎないのだ。

そして、唯一生き残った同じく『水滸伝』の登場人物魯知深が、最後に頼りにしたのが大豪傑の項羽だった(2-26)。しかし、その項羽も、串助には敵《かな》わない。とはいえ、『其の後の団子串助』のなかでも同時代と古典世界の中国人の描き方には明らかな違いがあった。

2-26 項羽に助けを求める魯知深 宮尾しげる『其の後の団子串助』春江堂, 1928年

燻り続けたネガティブ感情

第1章で見てきた、一八九〇年代から一九一〇年代初頭の明治期は、日清戦争という直接的な敵対関係を経て、日本の対中感情を大きく変容させた時代だった。同時代の中国人のネガティブ感情は、日本社会一般に浸透・定着し、特に日清戦争中は、敵愾心の

宣揚のため、激しい蔑視表現も見られた。

その後の一九二〇年代に至る大正期でも、日清戦争後に定着した悪人描写、滑稽化などが、変わらず続いていた。日清戦争ほどの敵愾心の高揚ぶりは少年雑誌や映画にはなかったが、ネガティブ感情がつねに燻り続けていた。大正期も、辛亥革命や第一次世界大戦における日中間の確執など、明治期と同様に、日中間でいざこざが起き、明治期以来のネガティブな対中感情が、違和感なく存在できた時代だったといえる。

他方、古典世界の中国偉人に対するポジティブな感情も、明治期と同じ傾向にあった。日本社会一般の対中感情に劇的な変化をもたらした戦争を経てもなお、古典世界の中国の扱いは変わらなかった。ただ、同時代の中国人との違いは、メディア露出の差にあった。同時代のネガティブな中国描写は圧倒的な量だった。

さらに、大正末期は、ワシントン体制による日中友好の機運のもと、「日中親善」が強調された。ただし、その親善は日本にとって都合のよいものだった。政治的に不統一な中国を助けるという指導者意識の裏返しでもあり、同時代の中国に対するネガティブ感情の反映ともいえる。

このような思考は、日露戦争期の少年雑誌にも表れ、明治期の知識人層のなかで「支那保全論」、つまり東アジアを列強の侵略から守るために日本と中国は連帯すべきという考え方にも表れていた。次章の昭和戦前期にも、似たような中国に対する日本の優越意識が継承されていく。

第3章 満洲事変・日中戦争の昭和期

——慢心と嘲笑

1　頻出する「小癪な」の意識——降伏しない中国への感情

満洲事変と日中戦争

一九一〇年代半ば、大正期日本の第一次世界大戦参戦と対華二十一ヵ条要求は、満蒙権益の維持にあった。その後の一九三〇年代初頭、つまり昭和初期も、満蒙権益の問題は日本人の大きな関心事だった。この時期、北満洲におけるソ連の存在や、世界恐慌による満鉄への打撃など、日本の満蒙権益の将来は万全だとは考えられていなかった。

一九三一（昭和六）年九月一八日に勃発した満洲事変は、その満蒙問題の打開の延長線上に起こした事件だったが、その後、日本が国際社会で孤立していくのは周知の通りだ。事変勃発後、日本の関東軍は満洲地方を占領、傀儡《かいらい》国家「満洲国」を建設した。一九三五年には、中国華北地方を「第二の満洲国」化しようと華北分離工作を開始し、三七年七月七日の盧溝橋事件の勃発により、日中戦争が始まる。

3－1 『少年倶楽部』表紙（1895年2月1日号）．菊判，356頁，1冊53銭5厘．講談社の創立者である野間清治は教師出身．当時の学校教育への批判も込めて「面白くて為めになる」少年雑誌『少年倶楽部』を創刊した

この満洲事変及び日中戦争期が、日本人の対中感情に大きな影響を与えたことはあらためて言うまでもない。

『少年倶楽部』の隆盛

満洲事変や日中戦争が勃発した一九三〇年代、全盛期にあった少年雑誌は『少年倶楽部』である。一九一四（大正三）年に、大日本雄弁会講談社から創刊され（一九六二年廃刊）、先行の『少年世界』『日本少年』などのライバル誌を押しのけ、一九二〇年代半ばから終戦時まで全盛を誇った（3－1）。『少年倶楽部』は、尋常小学校（現在の小学校に相当）の主に五・六年生から、高等小学校（現在の中学一、二年）を含む大衆的＝全国民的な規模を読者層としていた。

また、この時代は挿絵や普及してきた写真など、ビジュアル要素に読者はより関心を寄せるようになっていた。前章でも触れた「高畠華宵事件」（一九二四年）がそれを物語っている。この事件は、当時『少年倶楽部』で最も人気を誇った挿絵画家高畠華宵が、最大のライバル誌『日本少年』（実業之日本社）へ活動の場を移したものだった。

事件後、高畠の挿絵を失った『少年倶楽部』からは多くの読者が離れた。この結果、高畠の影響力はもちろん、少年雑誌におけるビジュアル表現の重要性があらためて認識されることになる。これ以後、講談社は人気作家だけに頼らず、新しい画家を発掘する編集方針に転換、さらに漫画にも注力するようになる。後述するが、漫画「のらくら」で有名な田河水泡の起用は、『少年倶楽部』の人気を盤石《ばんじゃく》なものにすることになる。

時事問題を積極的に取り上げる少年誌

一九三〇年代、『少年倶楽部』は満洲事変と日中戦争を大々的に取り上げた。大正期の第一次世界大戦とは異なり、日本対中国の構図が鮮明であり、明治期の日清戦争のような敵愾心《てきがいしん》の宣揚《せんよう》の雰囲気が社会に溢《あふ》れていた。

満洲事変の際に、『少年倶楽部』（一九三一年一二月号）は、「満洲事変はなぜ起ったのでしょう?」という時事解説記事を掲載する。満洲事変の原因や事変に至るまでの事件

（日貨排斥、排日運動、柳条湖事件など）を親子の会話を通して解説している。

そこでの親子は、中国について「意地悪」で「乱暴」だとし、「国と国との間の約束も礼儀も踏みつけにした滅茶なやりかたなんだ。それればかりでなく、支那人は日本人を満洲から追い出そうとして、永い間日本人の邪魔をして来たのだ」と語る。3－2はそ

3－2　満洲事変に際し憎らしく描かれる中国人　馬場射地『少年倶楽部』1931年12月号

3－3　欧米に泣きつく様子も憎らし気である　馬場射地『少年倶楽部』1931年12月号

の様子を描いた挿絵だ。日本人の少年に、中国権益〔後ろのかばん〕は譲らないと「あっかんべー」をしている中国人を憎らしく描いている。

3-3は同記事の別の挿絵だ。ここでは、中国人が国際連盟に「あいつ〔日本〕とてもわるいあります／わたししょうじき、くやしいくやしい」と泣きついている様子を描く。さらに、「支那では、何でも自分の都合のいいことばかり考えて、約束を守らなかったり、他の国の悪口を世界中に振りまくことなんか、昔から平気の国なんだからね」と記す。

3-4　日貨排斥も絵で分かりやすく　馬場射地『少年倶楽部』1933年4月号

3-4は、満洲事変から数年後、日本が国際連盟と対立していた時期の問題を、おじさんと子どもの対話形式で解説した記事の挿絵だ。ここでは、日本が国際連盟を脱退せざるを得ない理由として、「支那が悪いから」と批判し、「君達もおおよそは知ってるだろう。支那は国と国との間でしっかりと約束したことを、勝手に破っているのだ。〔中略〕満洲から日本人を追出そうとしたり、日本品を買ってはいけないという乱暴な命令を出したり、また小学生などにも日本人を仇《あだ》と思え、大きくなったら日本と戦って勝てなどと教えているのだ」と、読者に語りかける。それに対して、読者の代表たる子どもは「乱暴ですね」と共感を示している。その日貨排斥の様子を明解に描いたものが3－4で、乱暴な中国に対する怒りの感情が読み取れる。

日中戦争勃発に際しても、『少年倶楽部』（一九三七年九月号）は、「写真と解説　北支事変の爆発」という記事を掲載する。「太郎」と「小父さん」の会話劇風の対話を通し、北支事変＝日中戦争を解説する。「小癪《こしゃく》な支那の二十九軍　日本に鉄砲を撃ちかけた！」と、事変の原因を盧溝橋における「支那軍」の不法射撃にあると説明する。誰が発砲したかについては、現在も諸説あるが、当時は「支那の不法射撃」と断定し、戦争が始まっていた。日本が「随分我慢」したことを重ねて強調している。

他方、かつての中国人描写と異なるのは弁髪の有無だ。この時期には、弁髪姿の中国人はほとんど登場しない。中華帽を被っている一般人か、軍服を着用している中国兵が一般的だった。

象徴する「小癪な」の表現

少年雑誌の時事解説記事の特徴は、国際関係レベルで政治力学を分析する専門雑誌とは異なり、印象的なエピソードや挿絵を交え、わかりやすい読物として子どもたちに伝えていることだ。大人と子どもの対話記事で、中国を「意地悪」「乱暴」「自分勝手」などと記すのはその典型だ。

これは明治期の日清戦争のときと似た構図である。日清戦争は「文明対野蛮」の戦争として正当化され、中国の野蛮性をことさら強調していた。満洲事変や日中戦争で頻出する中国の「不法」「無礼」は、中国の野蛮性を強調したものに他ならない。日本の正義を強調し、中国への敵愾心を宣揚するなど、日清戦争と満洲事変、日中戦争の少年雑誌における表現は共通する部分が多い。

ただし、日清戦争は近代日本初の対外戦争で、大国中国に挑む意識がまだあったものの、満洲事変や日中戦争は、戦争を経験した日本が「弱い」と見下した中国との戦争だった。

それを象徴するのが「小癪な」という表現だろう。満洲事変や日中戦争に際し、メディアで頻出する。「小癪な」には、「劣った中国が優秀な日本に立ち向かってくること自体が生意気だ」といったニュアンスを強く反映している。すでに中国・中国人を小馬鹿にした作品を紹介してきたが、その時代の流れのなかで、当時「中国は弱いので、戦争は短期決戦で終わる」といった日中戦争の認識を、陸軍だけでなく日本人の多くが共有するようになっていた。

また、日中戦争初期、各種メディアで使用されていたスローガン「暴支膺懲《ぼうしようちょう》」（暴戻《ぼうれい》な支那を懲《こ》らしめる）も、日本人の中国人イメージと合致したわかりやすい標語だった。

中国人については、「弱く」「滑稽」なイメージだけでなく、前章でも見たように悪の象徴としての「悪人」イメージも強かった。日清戦争以降、少年雑誌やその他のメディアで繰り返し描かれ、日本人の中国人イメージとして定着した「悪人」像も、日本の対中侵略に大義名分を与えるかのように感覚として後押ししていた。

当局からの圧力——対中宥和政策の余波

一九三七年七月に始まった日中戦争は、戦争勃発後すぐに和平への動きがあった。それは、中国が弱く戦争はすぐに終わるから、早期に講和条件を整えておくべきという考え方が日本陸軍中心にあったからだ。しかし、予想に反し、日中戦争は一九三七年一二月の首都南京陥落後も解決の糸口がつかめず、膠着《こうちゃく》状態が続くようになる。

そのような状況下、一九三八年一一月に近衛文麿首相は東亜新秩序声明を出す。ここで近衛は、日中戦争の目的はアジアに新しい国際秩序を作るためだとし、中国政府が親日に態度を変えれば対等に協力することを約束していた。日本政府は蔣介石政権を揺さぶり、親日政権樹立によって、日中戦争の幕引きをはかろうとしていたのだ。

当時の少年雑誌にも、日本政府の対中宥和政策が影響を与えようとしていた。児童向け読物全般の国家統制を目的に内務省警保局図書課が「児童読物改善ニ関スル指示要綱」を出したからだ。東亜新秩序声明の前月である一九三八年一〇月にである。そこでは、少年雑誌上の日中関係記事の取り扱いについて、次のように注意を促していた。

> 事変記事の扱い方は、単に戦争美談のみならず、例えば「支那の子供は如何《いか》なる遊びをするか」「支那の子供は如何なるおやつを食べるか」等支那の子供の生活に関するもの又は支那の風物に関するもの等子供の関心の対象となるべきものを取上げ、子供に支那に関する知識を与え、以《もっ》て日支の提携を積極的に強調するよう取計

らうこと。

従って皇軍の勇猛果敢なることを強調するの余り支那兵を非常識に戯画化し、或《あるい》は敵愾心を唆《そそ》るの余り支那人を侮辱する所謂《いわゆる》「チャンコロ」等に類する言葉を使用することは一切排すること　〔傍線部は筆者〕

注目すべきは二つ目の傍線部である。ここでは次の二点が禁止されている。①日本の優秀さを強調しようとして中国人を滑稽に描くこと、②敵愾心を煽ろうとして中国人を侮辱する「チャンコロ」といった蔑称を使用すること。これらの行為は明治期の日清戦争から、日中戦争時のこのときに至るまで、繰り返されてきたものである。いずれにせよ、この「指示要綱」以降、少年雑誌から当時の民衆のなかにおける対中感情を読み取ることが難しくなる。

他方、「指示要綱」以前から、「日中親善」の記事は『少年倶楽部』に掲載されていた。3－5は、先述した日中戦争の解説記事「写真と解説 北支事変の爆発」（一九三七年九月号）に掲載された写真だ。記事では、敵愾心の高揚ぶりも読み取れる一方、写真キャプションには「「日本の兵隊さんはやさしいから好きさ。」と慕いよる支那の少年」とある。

　別の記事「強いうちにもやさしい皇軍」（一九三七年一二月号）の写真（3－6）キャプションにも「支那の百姓や少年少女は心から皇軍を慕っています！」とある。また、中国兵への敵愾心は煽る一方で、その被害者であり救済対象と日本が見なす「支那の良

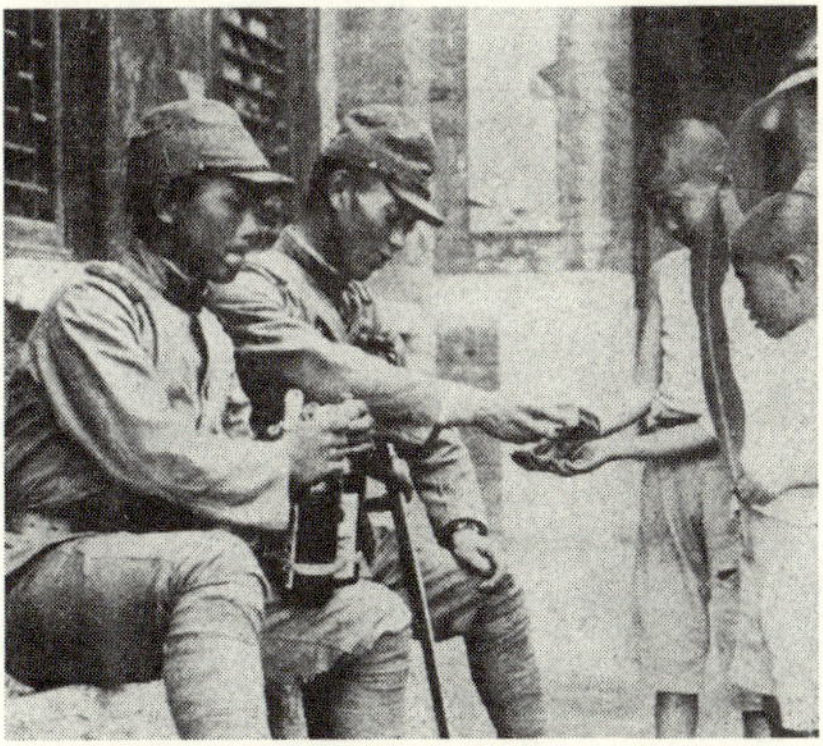

3－5　中国の少年と日本兵の交流を積極的に映す『少年倶楽部』1937年9月号

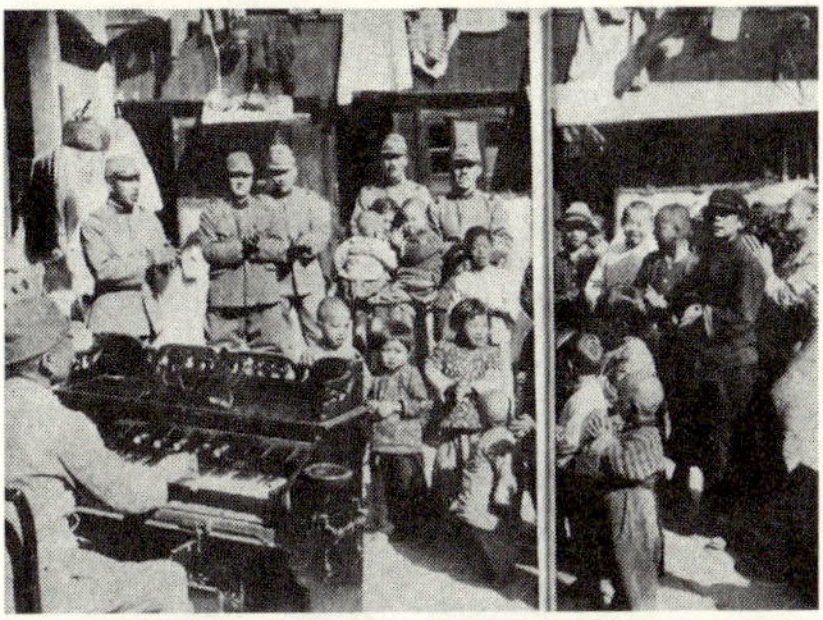

3－6　日本兵のオルガンに合わせて唱歌を歌う中国の少年少女を映している『少年倶楽部』1937年12月号

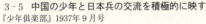

3-7　正義の日本が白人から中国良民を守るという挿絵『少年倶楽部』1938年3月号

3-8「可愛い」と紹介される中国少年『少年倶楽部』1933年5月号

民」（記事「正義の国日本」内挿絵3-7、一九三八年三月号）については、戦後手を取り合う相手として親善が強調される。その他にも、『少年倶楽部』は「日中親善」を強調した写真を数多く掲載し、読者投稿画でも確認できる。

ここでの「日中親善」記事の多くは、「支那」の少年・少女を登場させたものだ。第1章で見たように明治期の少年雑誌も、中国人の少年・少女に対してはポジティブに表現していた。これは、日中戦争下の『少年倶楽部』でも同様だった。３－８の写真のように「支那海軍の可愛い水兵さん」という紹介もある。

中国兵をはじめ大人の中国人は、本書で見てきたように、弱い、滑稽、悪人などイメージが悪い。「日中親善」のイメージを託せるのは、子どもしかいなかったとも考えられる。繰り返すが、弱い、滑稽、悪人といった中国人のイメージは、日本自らが作り上げたものであり、それらが対中感情を形成していた。

対中戦争の影響を受ける挿絵

ここまで『少年倶楽部』における満洲事変や日中戦争という時事解説記事から、挿絵や写真などのビジュアル史料を見てきた。ここからは、読物記事、小説、漫画といった各種メディアから、あらためて対中感情を見ていこう。

扱う読物記事とは、「痛快戦場物語」「愛国軍事探偵物語」など小説や物語である。「戦場」や「軍事」といった見出しからも明らかなように、少年雑誌の読物記事も、満洲事変や日中戦争といった時局の影響を受けたものが多い。

３－９は、「始末書二等兵」「万年二等兵」と呼ばれるかつて大失敗を犯した日本兵が、

3－9　**狼狽する軍服の中国兵**　馬場射地『少年倶楽部』1932年11月号

3－10　**卑怯な中国人に撃たれる日本兵**　伊藤幾久造『少年倶楽部』1933年9月号

満洲事変時に敵の営内に勇敢に乗り込み活躍する物語「万年二等兵」（『少年倶楽部』一九三二年一一月号）の挿絵だ。日本兵の強さや勇敢さとは対照的に、恐れおののく中国兵の弱さが強調されている。「万年二等兵」の兵士は、「剣なし」になっているが、銃剣がなくとも「支那兵を相手なら、これで十分であります」と豪語する。中国兵一般に抱く「侮《あなど》り」の感情が読み取れよう。

一九三三（昭和八）年五月三一日、塘沽《タンクー》停戦協定で満洲事変は一応の終結を見る。だが、「匪賊《ひぞく》討伐の実戦記」（『少年倶楽部』一九三三年九月号）といった中国大陸での体験談が登場し、満洲事変は引き続き語られる。３－10の挿絵は、命乞いをした敵を見逃そうとした日本兵が、情けをかけた敵から拳銃による「卑怯」なだまし撃ちを受けた場面を描いたものだ。「今彼に憐《あわれ》みを乞《こ》うていた敵の手に、拳銃が握られているではないか！」と記し、その感嘆符からは「怒り」の感情がにじみ出る。

３－11　日本少年に銃を突きつける中国人　川原くにを『少年倶楽部』1931年11月号

戦争など直接の敵対関係にあるとき、メディアは敵愾心を煽ってきた。だからこそ、先述した「児童読物改善ニ関スル指示要綱」が出され、ことさら「敵愾心を唆る」ことに注意を呼びかけたのである。

他方、この時期には戦争とは直接関係のない小説や物語のなかにも、中国人が「悪人」として登場する。

３－11の挿絵は、「ゴトク倶楽部」（『少

3-12 中国兵を征伐するダン吉 島田啓三『少年倶楽部』1938年1月号

年倶楽部』一九三一年一一月号）というサトウ・ハチローの小説である。「悪者」の中国人が日本人の子どもに銃を突きつけ、仲間の中国人たちと「漢口へでも持っていって、売りとばそうじゃないか」と、相談している様子を描いている。

「孤島の秘密」（『少年倶楽部』一九三三年一月号）という冒険絵物語では、「鬼のような支那人」と表現される海賊船の船長が、日本の少年をロープで鞭《むち》打っているシーンがある。日本の少年は「上海事変のあのどさくさ紛《まぎ》れにかどわかされて」海賊船に連れ込まれたと紹介される。満洲事変の影響を強く受けていたことが考えられる。

日中戦争期でも、「凍る国境街」（『少年倶楽部』一九三七年一〇月号）という愛国的な軍事探偵物語がある。中国のとある国境街にただ一人取り残された主人公の日本人少年が、乱暴な軽業師《かるわざし》の中国人にこき使われる姿を描く。この作品もまた、少年が「戦争のなりゆきに従って、日本の兵隊さんがここまで攻めてきてくれはしないか」と期待しており、日中戦争が物語の背景にある。

島田啓三による「冒険ダン吉」（漫画漫文形式）は、夢のなかで南洋の島に漂流した勇敢な少年が、現地人の王様として君臨するという大人気シリーズである。日中戦争が始まると、祖国日本に助太刀《すけだち》しようと「〇〇島の支那部落」に乗り込む話がある。３－12は、ダン吉の機知をもって中国兵を征伐する場面を描いたものだが、文章では「敵が弱いと知ると、あらゆる乱暴を働き、相手が強いと知ると、しっぽを巻いて逃げ出すのが支那兵です」と説明する。

ちなみに、「冒険ダン吉」の物語は、南洋での話が本来中心であり、日本の南進論と重ね合わせて考えることもできる。日中戦争以降に登場する「東亜新秩序」や「大東亜共栄圏」といった日本の南進論に連なる萌芽《ほうが》が、少年雑誌ですでに表れていた。

滑稽化を強める短編漫画

昭和初期の子ども漫画ブームは講談社が牽引していた。「冒険ダン吉」も、後述する田河水泡の「のらくろ」も、当時の子どもたちに大人気だった。注目したいのは、こうした子ども漫画が、満洲事変や日中戦争といった時局の要請もあり、中国への敵愾心を煽るとともに、中国人の滑稽化をより強めたことだ。

ここでは、『少年倶楽部』が掲載した短編漫画を紹介したい。漫画も読物記事同様、満洲事変や日中戦争の影響を多分に受けていた。

満洲事変後に掲載されたものでは、吉本三平の「ポコペン」シリーズがある。「ポコペン」とは、中国語由来の言葉で、「いけない」「駄目」「話にならない」「ペケ」といった意味である。

「ポコペン」シリーズは、「ポコペン兵隊」「ポコペン斥候《せっこう》」といったタイトルで、「あるな」「よろし」といった登場人物の言葉遣いから、「ポコペン」は中国兵を指している。そして、中国兵たちを「怠惰《たいだ》」で「まぬけ」で「臆病」な者たちとして描く(3-13)。「ポコペン」は語呂《ごろ》もよく、中国人の蔑称として広く使われていた。中国兵を主人公に、彼らを小馬鹿にした漫画が、当時最も人気を誇った少年雑誌で堂々と連載されていたことに驚かされる。

吉本三平は、「ハヤブサ小探偵」(『少年倶楽部』一九三四年一〇月号)といった漫画も連載していたが、その作品内に、人攫《ひとさら》いをしようとする中国人が登場する。中国人は、

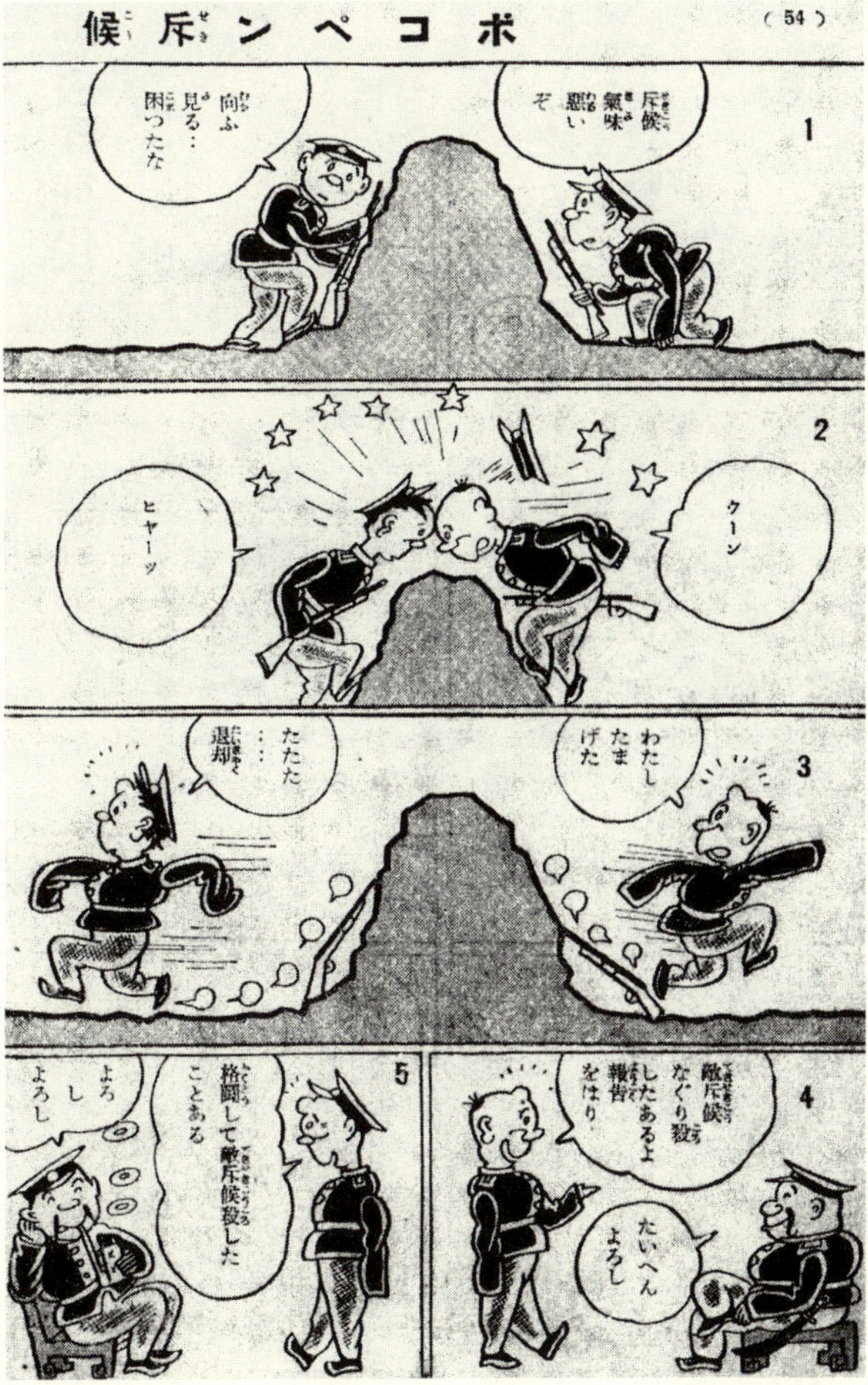

3－13　まぬけで嘘つきな中国兵が漫画に　吉本三平『少年倶楽部』1935年２月号

3 -14 敵愾心は漫画でも煽られていた 倉金良行『少年倶楽部』1937年10月号

3 -15 硬い石であっても蔣介石と書けばたちどころに粉砕してしまう 井上一雄『少年倶楽部』1938年12月号

滑稽な対象として、悪役として、漫画でも取り扱いやすいキャラクターだった。吉本三平の漫画以外にも、「間抜け」な中国人が登場する「ウーさんリーさん」(一九三三年一一月号)といった漫画もあった。

いまから見ると低劣な言説であっても、戦争の時代には、そのように認識されなかった。そして、それは国家が上から強制するだけでなく、少年雑誌というメディアもまた自発的に行っていた。そのことには強く留意する必要がある。

日中戦争が始まると、敵愾心の高揚はいっそう顕著となる。3-14の漫画「便衣隊征伐」（一九三七年一〇月号）は、無法な「便衣隊」を征伐する話である。便衣隊とは、平服のまま一般市民に紛れてゲリラ活動を行う部隊で、日本人には「憎むべき」征伐対象だった。3-15の漫画「親方の頓智《とんち》」（一九三八年一二月号）からは、敵国の象徴である蔣介石に対する強い敵愾心が読み取れる。

一方、滑稽味が色濃い作品もあった。それは、日清戦争期の1-5のような中国人の弁髪を摑まえて、馬乗りになるといった露骨なものではない。そこからは、戦争で負けたことがないという自信に加え、「中国なぞに負けるものか」といった驕《おご》り昂《たか》ぶりが垣間見える。中国人への「弱小」イメージは、3-16のような軍歌を漫画化した「軍歌支那陸軍」（一九三七年一二月号）にコンパクトにまとめられている。中国兵は意気地がなく卑怯で、銃も剣も放り出して降参してしまう弱い存在として描かれている。

3-16 中国兵を馬鹿にする歌　増井辰雄『少年倶楽部』1937年12月号

戦後の国民的アニメ「サザエさん」の原作者・長谷川町子の漫画「こわいのは支那

3－17　日本兵に怯える中国兵が絵解きの題材に　島田啓三『少年倶楽部』1933年3月号

兵」（一九三八年一月号増刊）にも、「支那兵」を描いた作品がある。長谷川が田河水泡に師事していたことはよく知られる。中国兵が鬼の仮面を被って、同胞の子どもたちを驚かそうとするが、鬼の仮面では子どもたちはまったく怖がらない。拍子抜けして仮面を外すと、中国兵の素顔を見た子どもたちが「あッ支那兵ある／にげるよろし」「こわいあるよー」と言いながら、逃げ出す。中国兵は自国の子どもたちにすら嫌われているというメッセージが込められている。

その他、『少年倶楽部』には漫画以外にも読者を楽しませる作品が多くあった。たとえば、3-17の「兵隊さがし」（一九三三年三月号）と題された「絵解き」がある。「絵解き」にも戦争の影響が及んでいる。

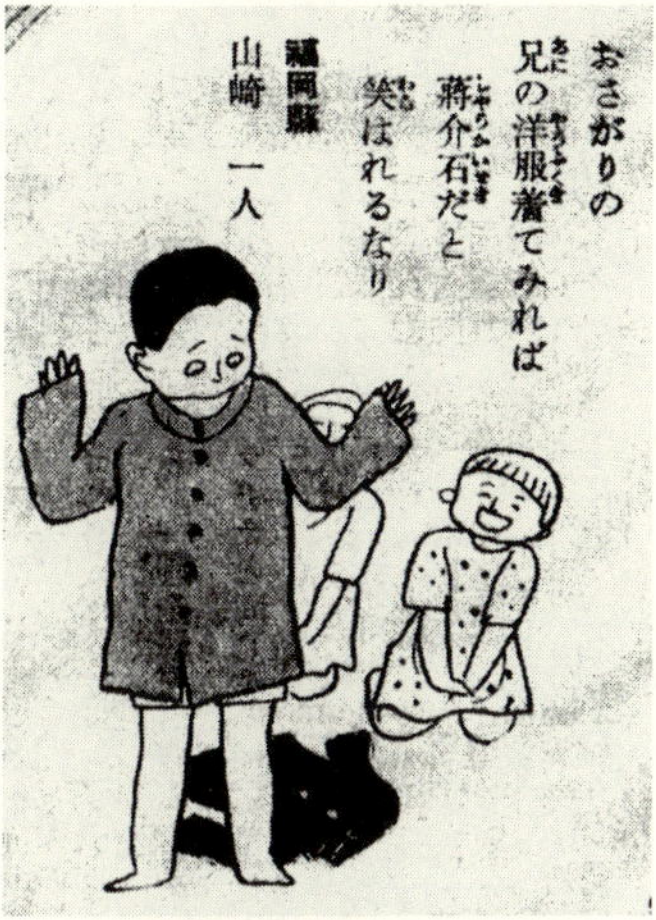

3-18　滑稽の対象でもあった蔣介石　河目悌二『少年倶楽部』1938年6月号

ここでは、中国兵が地中を見ながら、「皆さん、ここに日本の兵隊さんおるありますか。おるなら私達逃げるある。日本の兵隊さん恐い恐いある」と困っている様子を描いている。中国兵の臆病ぶりが題材となっているのだ。

また、『少年倶楽部』には、自作の面白い和歌を投稿する「滑稽和歌」という読者投稿欄があった。3-18は、「おさがりの兄の洋服着てみれば蔣介石だと笑われるなり」という投稿和歌に添えられた挿絵である。人民服姿の蔣介石が、強く日本人の印象に残っていたのだろう。日中戦争における敵国の蔣介石を滑稽の対象としている。

一九三〇年代、『少年倶楽部』の読者投稿には、満洲事変や日中戦争に言及した主に小学生読者からの作文も散見される。そのなかには「不義の敵」「暴虐な支那兵」「悪い支那兵をこらしめるために戦っています」と、中国へのネガティブな評価を定型句のように付けるケースが増えている。

時局柄、そのように書くしかなかったとも指摘できるが、子どもたちが思ってもいないことを無理に言っているとも考えられない。子どもたちが生活するなかで、少年雑誌などのメディアに触れ、ネガティブな対中感情を抱くことは、日常的なことだったと考えられる。

娯楽コンテンツとしての中国人——田河水泡「のらくろ」

一九三一（昭和六）年に『少年倶楽部』で連載が始まった田河水泡（一八九九〜一九八九）による「のらくろ」は、間違いなく昭和戦前期における人気漫画の筆頭だった。当時、日本の漫画には動物を主人公とした漫画はなかったという。主人公は野良犬だった「のらくろ」。彼が軍隊内で失敗を重ねながらも武勲《ぶくん》を挙げて栄達していくストーリーである。犬たちに兵隊ごっこをやらせた趣向は、子どもたちの人気を博し、一〇年にもわたる大長編漫画となった。

日中戦争が始まると田河は、『のらくろ総攻撃』（一九三七年一二月）、『のらくろ決死隊長』（一九三八年八月）、『のらくろ武勇談』（一九三八年一二月）と単行本を書き下ろす。『少年倶楽部』でも一面広告を出し、「豚軍から不法射撃を受けた猛犬国の守護隊、我慢に我慢を重ねて来たが、もう何としても我慢が出来ない、わからずやの豚軍を断乎膺《だんこよう》懲《ちょう》せんものと勇躍出征したのらくろ部隊」と紹介している。

明治生まれの田河は、中国兵を「豚」として描いていた。第1章で述べたように、明治期の中国人も「豚尾」という蔑称で呼ばれ、「豚」扱いされていた。この一致は偶然ではないだろう。『のらくろ決死隊長』内に掲載されている「豚勝《とんかつ》軍作戦計画地図」のなかには架空の地名が登場する。「豚尾山」「豚尾平」「豚尾村」と命名されているのは、かつての中国人蔑称「豚尾」を知ったうえでのものだろう。ネガティブな対中感情が時代を超えて伝わっている。

3－19 吹き出しいっぱいに日中戦争の起源を語るのらくろ 田河水泡『のらくろ総攻撃』大日本雄弁会講談社，1937年

『のらくろ総攻撃』では、日中戦争における日本側の主張をのらくろが代弁する。3－19の巨大な吹き出しのなかに、以下のように長文で説明されている。

我が方では東洋の安定と世界の平和を希望しているのである
決してひとの国をとったり好んで戦争を起そうと思ってはいない
ことに豚の国は大そう産物の多い住みよい国であるから常に熊や狸から狙われているのである
そこで我が方では豚の国をたすけて守備隊まで出して豚を守ってやっているのである
それだのに熊にだまされおだてられてお前の方からこの戦争をしかけて来たのだぞ

悪い大将の手下になってわけも分からずに命をすてるのはほんとにくだらんじゃないか

この一コマを見るだけでも戦争について簡単に説明できない時代状況がうかがえる。読者の子どもたちに、わかりやすく戦争の意義を説明することは、いつの時代も子ども向けメディアに求められていたことだった。

この『のらくろ総攻撃』では、戦闘となるとすぐに逃げ出す臆病な中国兵らしき様子もあるが、兵隊ではない眼鏡をかけた理知的な「豚」が登場するシーンもある（３－20）。以下、のらくらと眼鏡の豚のやり取りを見てみよう。

３－20「日中親善」を説くのらくろ
田河水泡『のらくろ総攻撃』大日本雄弁会講談社，1937年

のらくろ　ではここに通行証明書と旅費があります　これで国へ帰って両国の親善のために尽

くして下さい　豚の国の子供にもよろしく言って下さい
豚　ハイ　承知したあるあります　両国親善のため猛犬の正義を豚に知らせるある
どうか蔭ながら力になって下さい
のらくろ　戦争をしていれば敵ですが戦いが終わればお互い親しい隣国です　今後は仲よくしましょう
豚　そうです　豚の国が熊や狸にとられてしまわなかったのも実に猛犬に守って頂いたおかげあるあります
のらくろ　豚のみんながあのように話が分かると戦争なんかせずにすんだのに馬鹿な奴は豚勝将軍だ

眼鏡をかけた理知的な豚は、のらくろ（＝日本）を理解する代弁者（＝親日政権）として描かれていることは明白だろう。当時の対中政策の一つだった「日中親善」が人気漫画内でも模索されていたのだ。

また、『のらくろ総攻撃』の序文では、「小癪《こしゃく》な豚軍を二度と立上れないように叩きのめさなければならない」と定型句のように煽る文章もあるが、漫画自体はリアルな日本兵と中国兵の戦いではなく、どこか滑稽味が漂っている。

満洲事変の年に連載が始まった漫画「のらくろ」は、典型的な戦争プロパガンダとの見方もある。だが、笑いと結びつきにくい戦争を題材とするなかで、中国人＝中国兵が脈々と受け継がれてきた滑稽の対象だったことは見逃せない。残念ながら、悪口は普遍的な娯楽でもある。近代日本人にとって、中国人は娯楽の一種として消費されていた。

有益な教育コンテンツとしての中国偉人

中国及び中国人という存在が、日本人にとっての一大娯楽コンテンツだったことは、第1章、第2章でも述べてきたように、古典世界の中国を題材とした「三国志」「水滸伝」「西遊記」などにも当てはまる。

『少年倶楽部』では、大日本雄弁会講談社が発行していた少年講談本『孫悟空』の広告を掲載し大々的に紹介している。そこでの文章は、「これは西遊記という本の中にある豪傑孫悟空のお話です。西遊記はアラビヤン・ナイトと共に東洋の二大傑作といわれ、世界で最も有名な小説の一つです。この『孫悟空』はそれを一そう面白く書いたもので、全く傑作中の大傑作です」（一九三二年四月号）とある。

一方、古典世界の中国は、娯楽要素に加え、前章でも指摘したように教育効果としても有用だった。『少年倶楽部』が公表した編集方針は、面白くて利益《ため》になる材料を集めて学校教育を補いたいと述べたのち、次のように続ける。

雑誌を以《もっ》てこの〔学校教育だけでは不十分な〕精神教育を助けてみたい。或《ある》いは忍耐とか、或いは勇気とか、或いは恭謙《きょうけん》とか、或いは感恩《かんおん》とか、種々なる徳育に力を尽してみたいと思うのであります。そして我等は、徳育を中心信条として「偉大なる人」にならねばならぬということを標榜して少年に対しようと思う。

（『少年倶楽部』一九一五年四月号）

この編集方針に基づき、『少年倶楽部』では「偉くなる」「立派になる」といった立身出世の文言が繰り返し強調される。関連する記事では、立志を象徴する人物として、日本偉人だけでなく中国偉人も教訓的素材として取り上げている。

3‐21は、漢の高祖の軍師として有名な張良に関する「張良靴をささぐ」（一九三一年二月号）である。張良が謎の老人（黄石公）から兵法の奥義《おうぎ》を授かった説話を紹介する。老人の無礼な言動に耐えた張良は授かった兵書をもとに、「大いに勉強し、えらい人物になりました（張良は今から二千年ばかり前の支那の人です）」と結ばれている。

3－22は、漢の武将として有名な「韓信」（一九三一年六月号）である。韓信は、「韓

3－21 **忍耐ののち出世した張良** 米内北斗『少年倶楽部』1931年2月号

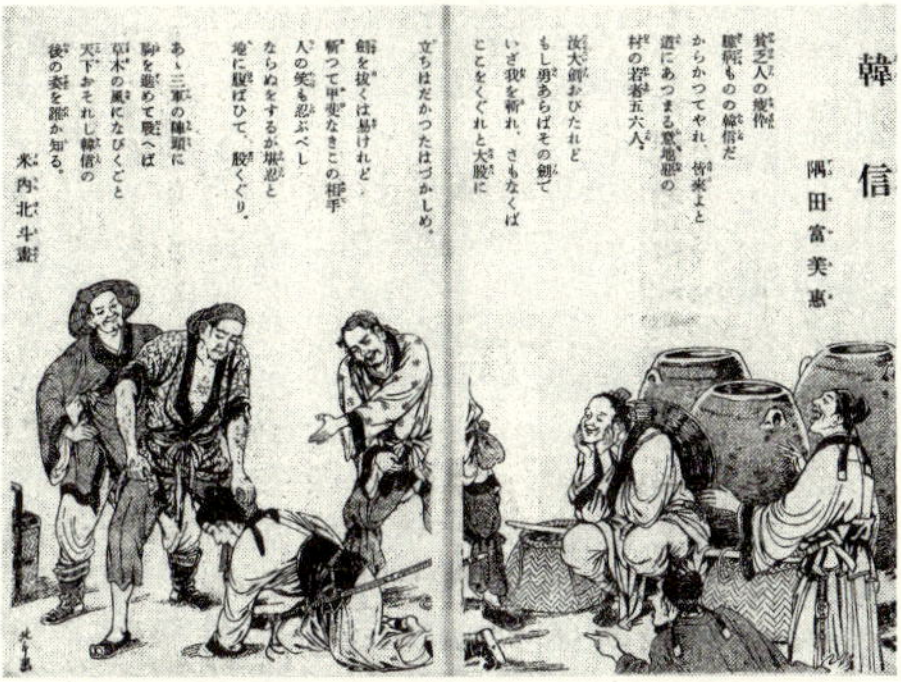

3－22 **忍耐強さの代名詞であった韓信** 米内北斗『少年倶楽部』1931年6月号

信の股《また》くぐり」の故事が有名だろう。ここでは、若いときの韓信が町のならず者に言いがかりをつけられるものの、無駄な争いを避けるため、怒りをこらえて股をくぐる様子を描いている。

記事は、「ならぬをするが堪忍と地に腹ばいて、股くぐり。〔中略〕天下おそれし韓信の後の姿を誰か知る」と結び、大望を抱く者は目先のつまらないことで人と争ったりしないと読者に伝えている。張良や韓信は、立身出世の象徴であり、それを忍耐によって成し遂げたことが語られている。

注目すべきは、同時代の中国に関する記事が激増する満洲事変以降も、古典世界の中国に関する記事が一定数存在していることだ。

一九三四年には、佐藤紅緑《こうろく》の「正義友愛小説　英雄行進曲」（一九三四年七月号）という少年たちの立身成長を描いた作品が掲載される。佐藤紅緑の少年小説は、当時の子どもたちの熱狂的な支持を獲得していた。小説の冒頭には、以下のような文章がある。

（和尚）『皇威《こうい》を恢復《かいふく》し、民を安からしめんと奮然蹶起《けっき》した三人の英雄があった。劉備玄徳、関羽、張飛の三人だ。〔中略〕お前達はこの話を知らなければならん、詰まらない本などを読むよりも、この英雄の話の方が遥かに面白くて有益で、日本でも昔の人は無論の事、乃木〔希典〕大将でも今の大臣方も、必ずこの物語を読んで感奮したものだ。』〔中略〕

（少年）『僕等三人は兄弟になろうじゃないか。三人は貧乏だ、学校へも行けない。だが貧乏でも、玄徳と関羽と張飛は大きな仕事をして、世界に名高い英雄になった。僕等だって英雄になれそうなものだね』

正義、友愛を説いた小説のエピソードとして、中国偉人たちが紹介されているのだ。彼らや彼らの登場する漢籍（『三国志』）へのポジティブな感情が、物語上の登場人物に仮託《かたく》し表現されている。

満洲事変を経てもなお、古典世界の中国偉人は有益だと徳育価値が認められていた。『三国志』は、娯楽物語としてだけでなく、近代日本の教育方針である教育勅語が示した「忠君愛国」といった徳目の宣伝にも役立つものだった。

その他にも、よく使われる故事成語を解説した記事が、挿絵付きで紹介されている。3－23は「会稽《かいけい》の恥を雪《そそ》ぐ」を紹介した記事「支那の歴史物語から出た面白い言葉の意

支那の歴史物語から出た
面白い言葉の意味

大昔、支那で、戰國時代といつて、多くの國が並び起り、お互に爭つたことがあります。その頃のこと、越といふ國の王勾踐が、呉の國に攻め入つて大勝利を得ました。呉の國王闔閭はその時傷ついて、その爲に死んでしまひました。

闔閭の子夫差は、残念でたまりません。苦勞に苦勞を重ねた末、越の國を討ち、とう〳〵會稽山で越王勾踐を降參させました。

今度は勾踐が残念がりました。なんとかして讐を討ちたいものと、范蠡といふ忠臣と相談しては、國の力を養ひ、遂に呉を滅しました。この勾踐、范蠡の名は、兒島高徳の詩でよく日本に知られてゐます。

又この物語はよく使はれる熟語の源となつてゐます。次ぎに繪とその熟語の意味を掲げましたから、よく覺えて下さい。（第五國語『兒島高徳』参考）

會稽《くわいけい》の恥《はぢ》を雪《そゝ》ぐ

この言葉は『深く心にきざみつけた讐を報いる』といふ意味です。いふまでもなく、越王勾踐が、忠臣范蠡の計を用ひて、呉の大軍を破り、會稽山で降參した恥を、立派に消したことから出たものです。

3-23 教育的な記事として故事成語の解説もあった 伊藤幾久造『少年倶楽部』1935年４月号

味」（一九三五年四月号）である。いずれも、『少年倶楽部』における教育ものの一つだった。

戦争の影響を受け始めた古典世界の中国偉人

日中戦争が始まると、同時代の中国人は、日本人の敵愾心の宣揚のために、より悪罵《あくば》され嘲笑《ちょうしょう》されたが、古典世界の中国偉人はどうだったのか。

日中戦争勃発の数ヵ月前、日中間の緊張関係が高まるなかで、『少年倶楽部』の編集部は読者に次のようなメッセージを送っている。

> 日本では昔も今も孔子の教を尊んでいます。支那の偉人である文天祥とか孔明とかは、皆さんの教科書にまでのせられて、その徳をたたえられているのです。これに反して、支那の教科書は、底なしに日本を悪く書きたてています。どちらが正しいか、どちらが立派なやり方であるかは、いうまでもありますまい。このねじくれた相手の心を、強い力と情とで叩き直し、真の友情に目ざめさせるのが日本のつとめです。
>
> （「編輯局だより」一九三六年一一月号）

反日教育を具体例として、日本への抵抗を強める中国への苦言を呈した文章だが、日本では敵対している状況にあっても、儒教や中国偉人を尊敬していると、日本人の度量の広さと結び付けている。ちなみに、当時の日本の教科書に中国偉人が教材として取り扱われていたのは事実だが、同時代の中国に対するネガティブな記述も当然存在した（「大正・昭和期日本の中国教育と民衆の中国観」）。

日中戦争に際しては、日本人のそのポジティブな感情ですら利用され、日本の行動を正当化しようとしていた。

その一例として、日中戦争中に『少年倶楽部』に掲載された武藤貞一《むとうていいち》の「正義の国日本」（一九三八年三月号）を見てみよう。日中戦争の大義が「太郎」と「小父さん」の会話劇仕立てで展開され、小父さんは次のように語る。

太郎　支那はどうしても孔孟の昔のりっぱな支那に立帰らせねばならないと、学校の先生もいわれましたよ。

小父　さうだ。そこが一番大切なところだな。それについて一つの面白い話がある。徳川時代の孔孟《こうもう》の教が盛んだった頃、山崎闇斎《やまざきあんさい》という学者が、もしも今、日本へ支那から大軍が押しよせて来るとして、それを率いる総大将が孔子で、副大将が孟子だとしたら、我々はこれに対してどうすればよいかと、弟子にたずねた。するとい並んだ弟子達が一人も答えられなかったというのだ。これは、その時分の日本国中に、いかに孔孟の教というものが、しみこんでいたかを知らせる面白い材料だといっていい。

ところが今日は逆に、日本から孔孟を生んだ本場の支那に向かって、孔孟を大将とする正義の軍が押しよせたと同じなんだ。日本としてこのくらい支那のためになる立派な行《おこない》はほかにあるものじゃない。孔孟の国へ孔孟の教を布《し》きに行ってやっているんだ。

〔中略〕支那人を治めるには、一つの正義、言いかえれば日支両国民に共通の道徳で行うのが一番良い方法だ。つまり、これからの日本は、どこまで孔孟の教をふりかざして孔孟の国をよくすることが出来るかを試験されているようなものだ。

日中戦争が短期で収束せず、長期戦の様相を見せ始めたこの時期、『少年倶楽部』は戦争の大義名分をこのように紹介していた。すなわち、日中戦争は、「孔孟の昔のりっぱな支那」に戻すための戦争であり、「支那を救ってやる」正義の戦争であると。そしてそれは、「孔孟の教え」が歴史的に浸み込んでいる日本だからこそ成し遂げられると。

☆
孔子は、今から二千五百年ほど
前、山東省の曲阜に生まれ、人た
るものは、仁即ち情をもつて立たな
ければならないといふ仁道中心の教をひろめて聖人とうたはれました。今、その曲阜にあ
る孔子の碑に日本の兵隊さんがお詣りしてゐるところです。地下の孔子も、定めしその教
にそむく支那兵をこらした兵隊さんが来てくれたことを、心から喜んでゐることでせう。
3-24 孔子に親しみを持つ日本人も多かった『少年倶楽部』1938年3月号

3-24は、この記事に付された写真だ。孔子の碑《ひ》に日本兵がお詣《まい》りしている。写真キャプションには、孔子の簡単な紹介とともに、「地下の孔子も、定めしその教にそむく支那兵をこらした兵隊さんが来てくれたことを、心から喜んでいることでしょう」とある。

武藤貞一は、新聞記者出身の軍事外交評論家だったが、このような発想はこの時期特有のものではない。たとえば、明治期の日清戦争では、中国文明の恩恵に与《あずか》ってきた日本が「文化の支那」を回復するといった論理から、日清開戦論を唱えていた官僚出身のジャーナリストの高橋健三のような人物も存在した（『明治日本の国粋主義思想とアジア』）。

問題は、こういった発想を『少年倶楽部』の読者が理解できたかだろう。記事に登場する「小父さん」も、「少々今日の話はむずかしかったかも知れんが、太郎も日本少年なら、このくらいの知識は持っていてもらいたいな」と述べている。この内容が難解であることは、編集者側も認識している。

しかし、先の「編輯局だより」でも述べられていたように、古典世界の中国偉人は、小学校の教科書で、ほとんどの子どもたちが学んでいた。また本書で見てきたように、少年雑誌でも少なからず見聞きする存在だった。日本の少年たちは、満洲事変や日中戦争を通して、同時代の中国が弱い、滑稽、悪者と考える一方で、教科書や少年雑誌を通して、古きよき「文化の支那」のイメージも受け容《い》れていた。

戦争をきっかけに「昔のりっぱな支那」に立ち帰らせるといった説明は、文章の体裁もあり、読者＝子どもたちにとってそれほど難しいものではなかっただろう。

いずれにせよ、一九三〇年代に入り満洲事変や日中戦争後には、同時代の中国人へのネガティブ感情を敵愾心へと結びつけるだけでなく、古典世界の中国への親近感や敬愛すら、戦争の正当化の口実として駆使されるようになる。日本人のあらゆる対中感情が動員され、精神面でも「総力戦」のような様相を示していた。

2　滑稽と東洋道徳の根源の共存——国民大衆雑誌『キング』

国民大衆雑誌『キング』の全盛

ここまで一九三〇年代の少年雑誌を最も代表する『少年倶楽部』を中心に、当時の対中感情を見てきた。では、少年雑誌以外の大衆メディアではどうだったのか。ここでは雑誌『キング』を取り上げる。

『キング』については多くの先行研究があるが、なかでも永嶺重敏『雑誌と読者の近代』や、佐藤卓己『『キング』の時代—国民大衆雑誌の公共性』は卓越している。以下ではこれらの先行研究を参照しつつ概観したい。

雑誌『キング』は一九二四（大正一三）年一二月（一九二五年新年号）に創刊された月刊誌である（3-25）。満洲事変、日中戦争、太平洋戦争と読者を拡大、一〇〇万人とも言われる読者を抱え「雑誌の黄金時代」を創り出した。戦後、高度経済成長を目前の一九五七年に廃刊となった「国民大衆雑誌」だ。出版社は『少年倶楽部』と同じく大日本雄弁会講談社である。

『キング』はこれまでの知識階級の文化と大衆文化の要素を細分化しつつ混交させ、自社のさまざまな雑誌はもちろん、ラジオ、レコード、映画も含め、あらゆるメディアの機能を貪欲《どんよく》に採用し、読者層も幅広かった。当時の雑誌読者調査を詳細に検討した永嶺重敏の研究によると、小学生から中学生、専門学校生、高校生、大学生まで、あるいは青年団員から労働者、農民、在日朝鮮人まで、『キング』はどの社会集団にもほぼ満遍なく普及していた。特に『キング』創刊までは、もっぱら婦人雑誌しか読まなかった女性読者にも浸透している。

3-25『キング』表紙（1938年６月１日号）．菊判，604ページ，１冊60銭．戦前の講談社（大日本雄弁会講談社）は，『講談倶楽部』『少年倶楽部』『面白倶楽部』『現代』『婦人倶楽部』『少女倶楽部』『幼年倶楽部』『富士』『キング』などさまざまな雑誌を発刊し，雑誌王国を築いた

国民すべてを読者対象とした『キング』は、誌面内容の徹底的な平易化と、大

量宣伝の手法の採用によって成功し、一〇〇万部雑誌へと成長する。

『キング』の特性として注目したいのが、娯楽要素だけでなく教育要素も備えていたことだ。『キング』は、軍隊での唯一の公認雑誌として、学校での副読本として、会社・工場での労働者への推薦雑誌として、青年団指導の朗読用（教科書的機能）として、思想善導のためのメディアとして利用されていた。「面白い」だけでなく、「ためになる」という点、つまり娯楽と修養の絶妙な結合も、『キング』を国民的な大衆雑誌とした大きな要因だった。

読者は『キング』を読むことによって、「日本国民」という意識を満喫していた。そして、その日本国民という意識は、日本以外の国や国民が登場し、比較されてより顕著になる。

『キング』も国際情勢には敏感に反応し、外国に関する記事も豊富である。また、ビジュアル面についても、『少年倶楽部』がそうだったように、漫画欄を常設し、小説などの挿絵も豊富である。

ここではあらためて、『キング』を通して日中戦争による影響を見ていきたい。

日中戦争勃発による対中先鋭化

一九三七年七月の盧溝橋事件を機に、日本と中国は全面戦争へと突入するが、『キング』は社告で、「蘆溝橋畔二十九軍の不法射撃に端を発したる支那の暴戻《ぼうれい》は忽《たちま》ち全支に波及、我は遂に断乎《だんこ》として膺懲《ようちょう》の剣を執ることになりました」（一九三七年一〇月号）と報じる。さらに、一九三七年一〇月号は「日支事変号」と題した特集を組んでいる。

日中戦争の開戦以降、『キング』は日中戦争の記事で埋め尽くされる。巻頭には「日支事変大画報」「支那事変大画報」「長期建設画報」欄などを設け多くの戦地写真を掲載している。当然、敵国の中国政府や中国兵に対する敵愾心は強く、ネガティブな対中描写が多い。

目を惹くのは、中国・中国人への「不法」「不信」「無礼」「暴戻」「卑怯」「残虐」といったネガティブな表現だ。読者対象が少年だろうが大人だろうが共通した同時代の中国への定型句だった。

そういったネガティブイメージを凝縮したものが、「支那兵の唄う新版ナイナイづくし」（一九三九年八月号）である。これは「支那兵」視点の唄となっており、「僕は支那兵情けナイ」「逃げるに越した事はナイ」「支那の兵隊人情がナイ」「蔣介石には人気が

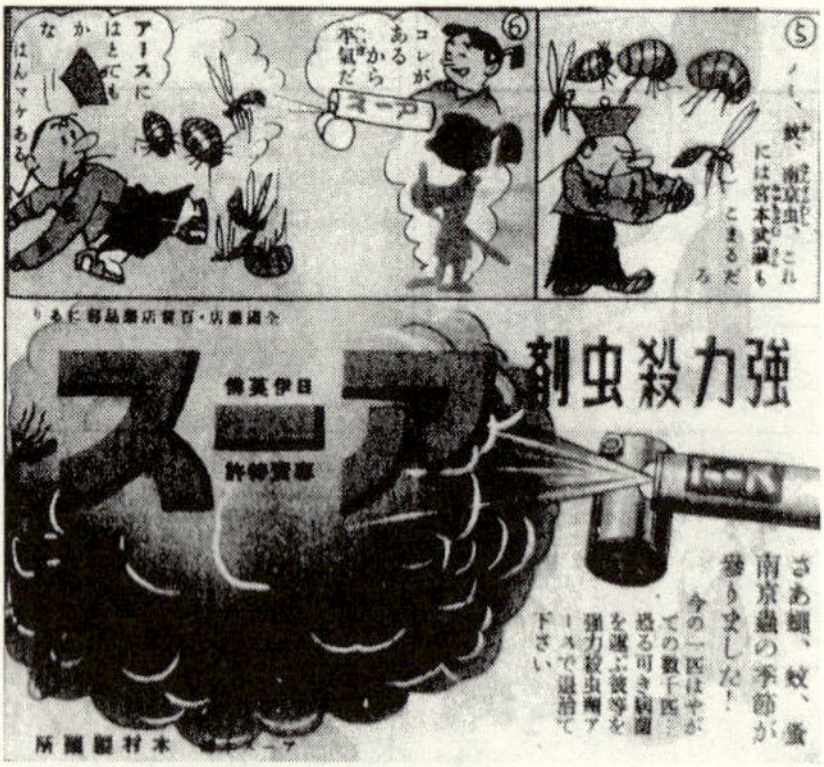

3 -26　日中戦争の影響は広告にも『キング』1938年7月号

ナイ」など、すべてに「ナイ」という否定の助動詞を付している。

3 - 26は、『キング』に掲載された木村製薬所（現アース製薬）の強力殺虫剤アースの広告漫画だ。このような広告でも日中戦争の影響を受けて、日本に劣っている存在としての中国を描いている。ここでは、中国人と日本少年が忍術比べをするのだが、最初のコマで中国人が「豚」に変身している。

日中戦争の大義名分と選別

ただし、開戦当初から戦後の協調を念頭に置いていた部分もあった。「アジア再建の義戦」（『キング』一九三七年一二月号）というタイトルで、「日本の打撃を与えんとする目的は、誤れる排日抗日政策を実行しつつある南京政府並《なら》びに南京政府の軍隊でありまして、断じて支那国民ではない」と強調している。悪いのは中国政府、中国兵であり、

「無辜《むこ》（罪の無い）の良民」たる一般の中国人との区別を図っている。この峻別《しゅんべつ》も、日中戦争期の日本にとっての重要なプロパガンダだった。ただひたすらにバッシングしていればよかった日清戦争時とは大きく異なる。

3－27は、「支那の流行娯楽」（『キング』一九三九年一二月）というタイトルの風刺漫画で漫画欄（漫画天国）に掲載されたものだ。「同じ中国人にすら嫌われる蒋介石政権（中国政府）」という日本の認識が読み取れる。『少年倶楽部』でも、先述したように長谷川町子の漫画で、中国の子どもたちが恐れる中国兵を描いていた。

3－27　同胞にも殴られる蒋介石　立川一夫『キング』1939年12月号

一九三八年秋になると、日本政府は東亜新秩序の建設が戦争目的だと主張するが、戦後に共に歩む相手は「無辜の中国人」であり、親日政権だった。たとえば、中国側和平派の中心人物・汪兆銘は、『キング』のなかでは「相当の人物」「現代支那に於《お》ける第一流の政治家」「正直で人格者」と肯定的に紹介されている。

さらに、当時の『キング』では、「日支婦人の親善」（一九三九年三月号）、「日・満・支・親善ぶし」（一九三九年五月号）といった「日中親善」の記事が散見できる。

その他、菊池寛の「武漢の渡船」（一九三九年四月号）という中国視察の体験談がある。菊池は、現地で見た「支那少女を抱く日本兵士」の「美しい光景」を、「日中親善」の一端として紹介する。ちなみに、この記事の「支那の子供たちと親しむ日本兵」とキャプションが付いた写真は、『少年倶楽部』（一九三七年九月号）に掲載されていたもの（3－5）と同一だった。使い回しである。

ただし、「悪い中国政府と中国兵」と「その他の一般中国人」という区別は、厳密に行われていたわけではない。

たとえば、「支那人気質」（一九三九年一二月号）という記事では、中国人は「どんな悪いことをしても決してあやまらない」「面子《メンツ》を非常に重んずる」「相手が下から出るとつけ上り、高飛車に出る」などと、中国人一般の性格・性質を否定的に紹介している（3－28）。ここには中国兵と一般の中国人の区別はない。なお、この記事の挿絵を描いているのは、第2章で紹介した「団子串助」の著者宮尾しげをである。

3－28 **中国兵だけでなく，一般の中国人の印象も悪い** 宮尾しげを『キング』1939年12月号

直前まで中支那方面軍司令官だった松井石根《いわね》も、「戦場より帰りて全日本の国民諸君に想う」（一九三八年五月号）で次のように語る。「私が特に申上げたいことは、支那四億民衆の大部分というものは、無智蒙昧《むちもうまい》、実に憐《あわれ》むべきものであります」。この松井の言葉に象徴されるように、中国人は「憐れむべきもの」であり、「日中親善」も対等の意識からの関係ではなかった。

敵国中国への怒り

さて、敵愾心を煽る記事も当然のことながら『キング』も多数掲載している。日中戦争初期で多いのは、通州事件を報じたものだった。通州は、日本軍が華北分離工作のために設立した冀東《きとう》防共自治政府の所在地で、日中戦争勃発直後に同政府保安隊が日本軍および日本居留民を襲撃した事件が起きていた。

「北支戦線壮烈実記」（一九三七年一〇月号）では、「血に狂った残虐な支那兵が、夜の町に暴れ廻った」と報じ、「兇暴惨虐《きょうぼうざんぎゃく》の極《きわみ》」として激しい怒りを露わにしている。中国兵に対する「鬼畜」という表現が登場するのもこの事件によるものだろう。

「北支戦線壮烈実記」は、中国兵に「侮日《ぶにち》」行為があったことを記していたが、さらに

「排日」「抗日」に対する怒りも、『キング』誌面からは強くうかがえる。すなわち、「暴戻」なる中国の日本に対する行為は、いずれも「排日」「抗日」「侮日」的思想・政策を原因としている、というのが日本の立場なのだ。

「三人で敗残兵狩り」（一九三八年四月号）という出征将兵の戦線手記では、中国兵について「何と云う馬鹿な奴等だ」と吐き捨てる。殺された中国兵への「小気味《こきみ》よい死人の山」といった表現にも、敵愾心の高揚が見える。さらには、「チャンコロ」といった中国人蔑称も、この時期の『キング』に表れている。

ここでは、日本に歯向かうとは何事かという「怒り」の感情も見逃せない。この感情は、「日本軍の足元にも及ばない」（「任務必達の精神」一九三九年六月号）、「支那兵如きに負けて残念だ」（「鬼神も哭くべし／加藤上等兵鮮血の絶筆」一九三八年一月号）といったように、中国が日本よりも弱いという認識が前提となった感情である。その他、先述した「小癪」をはじめ、「身の程知らない」「血迷う」といった表現に、怒りの感情を読み取ることができる。３－29、３－30は、時事問題の解説記事の挿絵だが、添えられた文章には「強くなったとうぬぼれているところ」「まだまだ強い日本にぶつかるなどとは以《もっ》ての外です」とある。

3 -29 剣先には「排日」, 後ろ足には「一致結束」とある『キング』1937年 9 月号

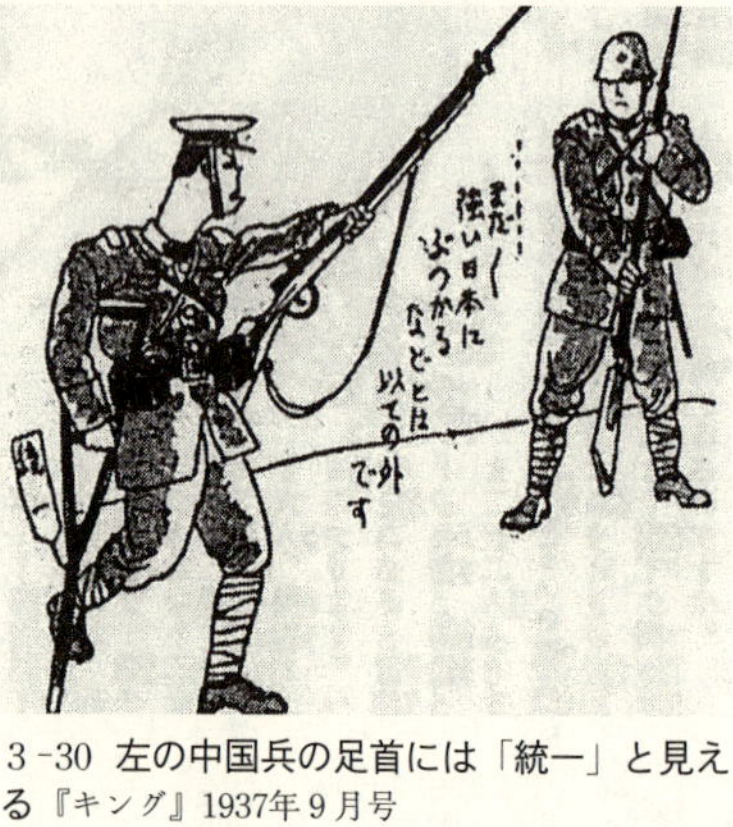

3 -30 左の中国兵の足首には「統一」と見える『キング』1937年 9 月号

一方で、「相手を馬鹿にしてかかるということはいちばん禁物です」（「戦局大座談会」一九三八年六月号）といったように、冷静な意見もあったが、最後まで中国への「侮《あなど》り」を拭《ぬぐ》い去ることはなかった。それは、明治期以降、中国を「小馬鹿」にし、「侮り」続けることが当然のようになっていたからである。

日中戦争における中国への感情は、「小馬鹿」にし「嘲笑」してきた中国に歯向かわれている、そのことへの「怒り」も強かった。そして、中国人への「嘲笑」ぶりは、警《けい》鐘《しょう》の記事があったとしても、止まるどころかいっそう激しくなっていく。その様子を次に見ていこう。

加速する嘲笑

一九三〇年代の戦争という非常時にあっても、『キング』は読者の関心を主義主張でなく実益娯楽に導いていた（前掲『キングの時代』）。日中戦争期も、滑稽さを売り物にした記事が多い。記事をカテゴライズすると、「滑稽替歌」「数え唄」「戦地歌だより」「漫談」「川柳漫画」「事変いろはかるた」「滑稽ニュース」「漫才」「落語」「笑話」「お伽《とぎ》話《ばなし》」などとなる。

日中戦争中は、その滑稽の対象として、中国兵が多く取り上げられている。「漫談の材料になるような滑稽な兵隊が、沢山いる」（「時局支那漫談」一九三八年一月号）、「こうした笑い話は支那軍にはしばしばあって」（「壮烈決死の敵前渡河」一九三八年四月号）などと、笑い話になる材料が多くあると指摘する。この背景には、日本の余裕ぶりを強調する狙いもあっただろう。

3‐31　強い日本兵と弱い中国兵の構図『キング』1938年2月号

この滑稽記事には、先述の「怒り」とはベクトルの異なるネガティブな感情が読み取れる。たとえば、中国兵の「意気地なさ」を笑う記事、中国兵の逃げ惑う様を笑う記事などだ。これらの笑いは「嘲笑」である。

3‐31は、「漫才　時局歌合戦」（一九三八年二月号）の挿絵だ。日本兵に追われ逃げる中国兵を描いている。日清戦争時と異なるのは、中国兵が弁髪から軍服姿に変わった違いでしかない。

「笑い」については、「野戦病院白衣の天使座談会」（一九三八年五月号）が興味深い。記者と日本人看護婦との会話のやり取りに、次のような一節がある。

佐藤　これは煙草の話ですが、一本の煙草を二人で喫《の》みという歌がありますね。兵隊さんはあの通りに本当に二人で喫みます。

早川　そう云えば私、支那人の捕虜に煙草を一本やったのです。一人でみんな喫んでしまうかと思ったら、傍《そば》にいたのに半分残してやるのですよ。

記者　支那人の感心な話ですか。（笑声）

早川　いえ、敵ながら適《あっぱ》れなので（笑声）感心しました。支那人はそんなものじゃないと聞いておりましたけれども。

記者　それは日本の兵隊さんに感化されたんでしょう。

典型的な日本兵を称揚する記事だが、中国人捕虜の話題が出た際に、「笑声」が起きている。その場の笑い声まで記録しているのは、座談会ならではの特徴だろうが、「（笑声）」という表現からは、馬鹿にした、あるいは皮肉めいたニュアンスが伝わってくる。また、男性だけでなく、女性も一緒になって中国人を「嘲笑」していた様子がうかがえる。

別の座談会「戦局は今何《ど》うなっているか、これから何《ど》うなるか、座談会」（一九三八年六月号）では、陸軍歩兵中佐による次のような発言がある。「面白いのは、捕まった捕虜がまだ南京が陥落《おち》たことを知らない。（笑声）南京を奪《と》られたことを知っておれば、

3-32 品が悪い＝支那が悪い『キング』1937年10月号

その辺にはもう日本軍がいる訳で、危険で来られないのですが、知らぬからのこのこ這入《はい》って来た。そういう面白い話もあります」。

中国や中国兵を取り上げた滑稽記事には、漫画に文章を加えた漫画漫文スタイルのものも多い。3-32は、滑稽話を集めた「小笑い中笑い」（一九三七年一〇月号）に掲載されたものだ。挿絵は日本兵に白旗を揚げる弱い中国兵を描いている。文章からは「中国＝悪」というメッセージが発せられている。3-33は、「漫画天国」という読者投稿欄（一九三八年一月号）に掲載されたものだが、中国兵の顔が「負」という字になっている。

滑稽の対象は一般の中国兵だけではない。蔣介石も頻出する。戦争で敵対している「頑迷な蔣政権」は「憎むべき敵」であると同時に、当初から「嘲笑」の対象だった。3-34は、漫画天国欄（一九三八年六月号）に掲載された一コママンガである。東洋

3-33 負の象徴と描かれる中国人『キング』1938年1月号

3-34 東洋平和を乱す蔣介石を猿蟹合戦に見立てた漫画『キング』1938年6月号

平和という木に実った柿を盗もうとしている蔣介石と正義の棒を持った日本、さらに中国の後ろ盾と当時考えられていたイギリスやソ連が蔣介石を見捨てて逃出している様子など、当時の国際情勢を日本視点で風刺している。

蔣介石には「盗人」という否定的評価が与えられ、イギリスやソ連などの外国の後ろ盾がなければ日本に太刀打ちできない情けない存在として、蔣介石は泣いている姿で描かれている。他にも、イギリスやフランスに頭を下げている「破産した」蔣介石（3-35）もあり、こうした滑稽に描かれた蔣介石の例は枚挙に暇がない。

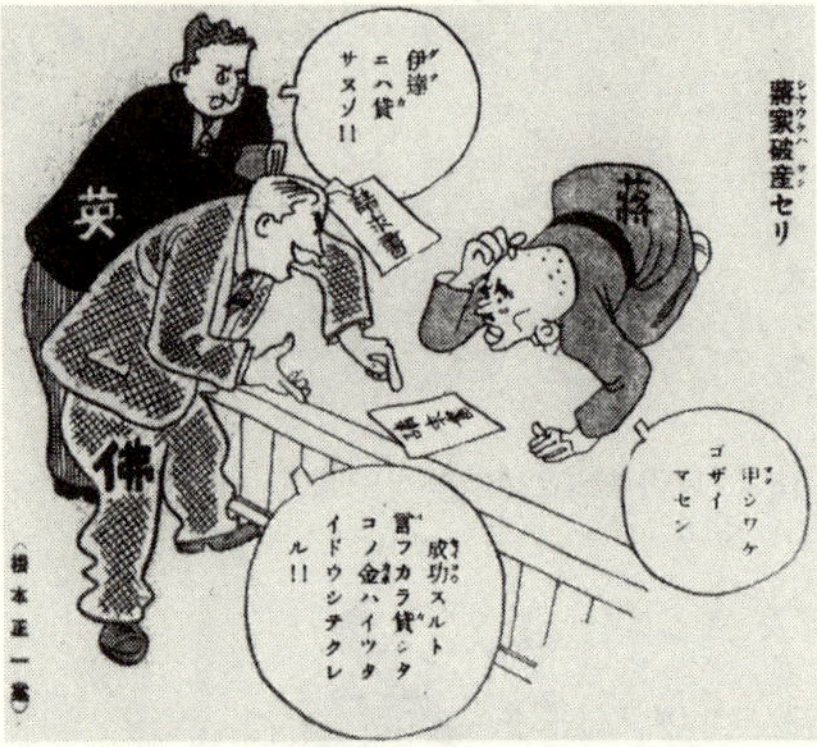

3-35 英仏の言いなりになる蔣介石『キング』1939年2月号

戦争正当化に使用される中国古典

先述したように、『キング』は娯楽面もさることながら、修養書としての側面も強く打ち出していた。それは一九三〇年代における講談社の雑誌に限らず、明治期の少年雑誌に見られた特徴でもあった。

その修養面を裏付けるものとして、『キング』では『論語』『孟子』などの漢籍を取り上げている。『キング』の場合、それらが一記事ではなく、挟《はさ》み込みの付録だったことに特徴がある。具体的には、『大学』『孫子』『孝経』『論語』『菜根譚』『唐詩選』『中庸』『孟子』などの漢籍だった。さらに、その漢籍について、「分《わか》り易《やす》い『〇〇』の話」という解説記事も添えられている。こうした付録が好評だったことは、読者投稿欄から確認することができる。

これらの漢籍は『少年倶楽部』同様に、総じてポジティブな扱いだった。たとえば『論語』については、「宇宙第一の書とまで賞賛されて居ります」「日本の国民道徳には頗《すこぶ》る深い関係をもって居ります」「明治以後今日に於《おい》ても、実に広く各界の人々に愛読されているわけであります」と絶賛である。

ポジティブなのは、文章記述だけではない。漢籍の解説記事には、その漢籍の著者の人物画が添えられているものが多いが、すべてが凜々《りり》しく描かれている。中国古典世界の偉人たちへの高い評価は、少年雑誌に限らず、明治以降一貫して揺らぐことはなかった。

日中戦争中であっても、これらの付録及び解説記事が掲載され続けた。敵国中国の古典であることは当然意識されただろう。しかし、キング編輯局は「〔『大学』は〕この非常時局に際し、万人必読の名著であります」（一九三九年一月号）と、日中戦争という非常時だからこそ読むべきだと強調する。

附録「中庸」（一九三九年八月号）では、この漢籍を「東洋道徳の根源」と紹介している。本書でも再三述べてきたが、一九三八年一一月に日本政府は、日中戦争の目的を東亜新秩序建設と主張した点に留意する必要がある。『キング』の読者投稿欄にも、「明るい亜細亜《アジア》建設」「興亜建設」といった言葉が散見するようになるが、東洋、つまりは日本と中国に共通の道徳があるという点は、そういった主張を補強する理念的根拠ともなる。これを裏付けるように、「孟子」（一九三九年一〇月号）の解説記事は、「仁義の旗幟《きし》を掲げて興亜の大業を完成しようとする今日に於《おい》ては、〔『孟子』は〕殊更《ことさら》人心世道に益あることと信じます」と記される。

古典世界の中国・中国人は、近代日本を通しポジティブな評価の傾向にあったが、その日本人の「親しみ」「敬愛」すら、戦争を正当化する道具と化していたのである。

おわりに

ここまで見てきたように、少年雑誌などから読み取ってきた大衆の近代日本の対中感情は、大きく分けると「同時代の中国へのネガティブ感情」と「古典世界の中国へのポジティブ感情」だった。もちろん、数量の傾向であり例外がないわけではない。

筆者は以前、大学生に世論調査を模した対中感情のアンケートを行ったことがある。同時代の中国については、感覚的に嫌う学生がいる一方で、『三国志』などの伝統的な中国文化は好きといった学生がおり、対中国感情の二面性は、現在にも通ずるものだと考えている。この仮説には戦後との比較検討が必須であるが。

本書で、あらためて強調したいのは、近代日本における中国・中国人が、日本人にとって息の長い「娯楽コンテンツ」だったことである。

近代日本人は自分にとって都合のよい、されるがままのおもちゃの人形のように、中国・中国人を消費してきた。戦時中は、戦争プロパガンダのなかで、敵愾心を煽り戦争へ向かう熱を高める役目を負わされた。平時でも、小説など創作物の引き立て役である悪人として舞台に上げられた。あるいは、子どもたちの「嘲笑」の対象として滑稽に描かれ続けた。一九世紀末の日清戦争以降、中国人は日本人にとって身近な外国人であるとともに、中国人に間違われること、中国人役をさせられることに嫌悪感を抱く、そのような存在となった。

日清戦争の大きな影響

近代日本初の対外戦争となった日清戦争は、勧善懲悪の物語として日本人の脳裏に強く焼き付けられた。知識人らが提示した「文明対野蛮」の構図も、子ども向けに言い換えれば「正義対悪」の戦争だった。日清戦争から「日本人は負けない」という神話のようなものが始まり、日露戦争や第一次世界大戦の結果は、それを補強していった。

日清戦争を題材とした少年雑誌の小説では、日本は必ず勝ち、中国は必ず負けた。戦争という実体験でも、子どもたちから大人まで日本人はそれを目の当たりにしてきた。メディアによるさまざまな誇張表現がそこにあったことも重要だろう。

近代日本にとって最初の巨悪は清国＝中国であり、その印象は日本社会一般に根深く残った。冒険小説や映画作品などで、中国人は当然のように「悪人」として登場した。中国人は舞台上の悪役として格好の対象だった。

戦争は敵＝悪への敵愾心を煽る。悪である裏付けとして、さまざまな悪行を報じる。悪を倒すには悪を憎む必要がある。日清戦争、満洲事変、日中戦争で、残酷かつ卑劣な行為が少年雑誌で中国人によるものだと具体例として紹介され、膺懲《ようちょう》すべき悪と自明視されていく。

一方、勧善懲悪の物語にあって、悪は必ず負けなくてはならない。つまり、弱いことも自明となる。日清戦争では、少年雑誌を含むあらゆるメディアが、戦闘からすぐ逃げる臆病な中国兵を描いた。それは勇敢であることが求められる日本人に「蔑《さげす》み」や「侮り」の感情を生む。戦争が終わると敵愾心は次第に低下するが、戦争に勝った事実とともに、弱く滑稽だった中国兵の印象は、多くの日本人のなかに残った。

繰り返される対立、深まるネガティブ感情

戦時中は、相手への敵愾心の宣揚を名目に、過激に相手をバッシングすることも、小

馬鹿にすることも許容される。倫理的なものが外れるのだ。中国との戦争のたびに倫理的な考えは後衛に送られていった。

日露戦争後、際立った日中間の対立がない時期には、「一等国民」としての日本人の矜持《きょうじ》から、行き過ぎた侮蔑感情に警鐘が鳴らされた。「日中親善」路線も、現実的な国家戦略として重要視され、両国の子どもにその期待がかけられた。

その一方で、戦時以外も、中国人は「嘲笑」の対象として、「悪」の象徴として、メディアに登場を続けた。「日中親善」が大事なのは理性として理解していても、そのような態度を取る人たちは少数だった。

日清戦争以降、深く根付いた中国へのネガティブ感情は、日中間でなにか事が起こるたびに、容易に敵愾心に結びついた。また、滑稽な中国人イメージは、中国の実力を見誤らせ、戦争をすればすぐに降参するだろうと思い込ませる効果もあっただろう。

しかし、日中戦争とそれに続くアジア・太平洋戦争は、勧善懲悪の物語ではない現実を日本人に突きつけた。一方、日中戦争が続くなかで、日米戦争が始まったことは、中国への敗北を直視しないですむ余地を生む。約半世紀かけて「嘲笑」してきた相手に、負けを認めることは屈辱だろう。

戦後日本の戦争観として特徴的な、「アメリカには負けたが、中国に負けたとは思っていない」といったような認識は、戦前の根深い侮蔑感情の影響が少なからずあっただろう。

古典世界の中国をも巻き込む戦争

同時代の中国人が娯楽コンテンツだった一方で、古典世界の中国偉人は子どもたちの人格涵養に有益な教育コンテンツでもあった。

立身出世のよい見本であり、教育勅語の忠君愛国を体現しているなど、子どもたちの教材たり得る人材が豊富に存在した。特に「漢学愛好」世代である幕末生まれの日本人は、文化の源泉たる中国を敬愛し、その感情は次の世代に受け継がれたといえよう。

その一方で、近代日本を通じて一貫してあった古典世界の中国への親近感や敬愛も、中国との戦争が勃発すると、それを正当化するための根拠として利用されてもいた。つまりは、古きよき「文化の支那」イメージを持っていた日本人は、「文化の支那」を回復するという日中戦争の大義名分に感覚的に共感できたのだ。中国との戦争は、日本人のあらゆる対中感情を動員していた。

ただ、少年雑誌の読者である子どもたちは、メディアのなかでも教育コンテンツより娯楽コンテンツを好んでいただろう。孔子や孟子を尊敬し、彼らがいた頃の古きよき「文化の支那」に思いを馳《は》せるより、好奇心から敵対する同時代の中国・中国人への誹《ひ》謗中傷《ぼうちゅうしょう》のほうに関心を抱いたに違いない。その様子は、現在のSNSと変わらないかもしれない。時代を超えメディアを超えても、同じようなことが行われている。

感情の歴史的変遷とは

本書は「誰がより悪いか」といった犯人捜しを目的としていない。また、当時の日本を殊更咎《とが》めることにあるわけでもない。一九世紀末のアメリカのメディアを見れば、黄禍論を背景に中国人を文化的に劣った存在として醜悪に描き（4－1）、日米開戦直後（一九四二年）のアメリカ映画では、眼鏡・つり眼・出っ歯を誇張した日本人をケダモノとして描いている（4－2）。同時期（日中戦争期）の中国のメディアでも同様に、眼鏡で出っ歯な日本兵を醜悪に描いている（4－3）。外国の漫画に描かれた近代日本人の容貌は、眼鏡・細いつり上がり眼・出っ歯・小柄が定番であり、早くは一九世紀後半に来日していたビゴーなどの外国人画家たちの影響があったとされる（4－4）。

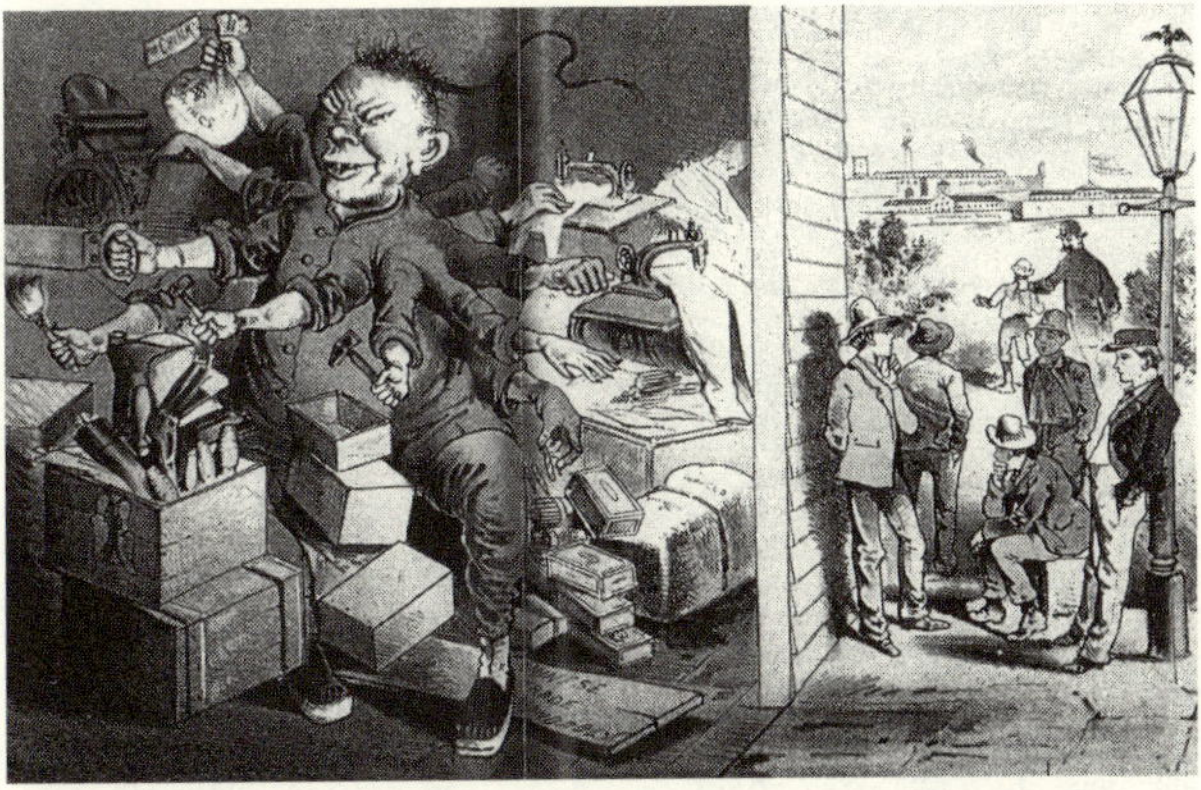

4－1　低賃金でアメリカ人の職を独占する恐怖の対象として描かれた中国人，米サンフランシスコの雑誌『wasp』1870年頃　胡垣坤等編集『カミング・マン』平凡社，1997年

4－2　日米開戦後、非人間的なケダモノとして描かれる日本人,『Menace of the Rising Sun』(1942年公開)の広告　村上由見子『イエロー・フェイス』朝日新聞社,1993年

4－3　中国で描かれた日本兵．鳥かごで汪兆銘を飼っている，1940年頃か　中国革命博物館編集『抗日戦争時期宣伝画』文物出版社，1990年

4－4　鹿鳴館時代，洋装の日本人男女を猿まねであると風刺した絵．ビゴー『TOBAE』第６号，1887年５月　清水勲編『ビゴー『トバエ』全素描集』岩波書店，2017年

近代では多くの国でメディアが差別意識を煽り、娯楽としても提供しようとしてきた。本書では、日本史学という学問領野のなかで、近代における日本人・日本の感情がどうだったのか、歴史的事実を史料的裏付けとともに紹介することを目指した。

近年、世界各地で戦争や紛争が起き、対敵国感情が問題となっている。

本書で見たように、戦争終結によって、戦時中の敵愾心がなくなるわけではない。敵愾心は、根拠なき「嘲笑」や「嫌悪感」に形を変えて、ネガティブな感情として残り続けた。長い時間が経てば、記憶の忘却とともにネガティブ感情も薄れていったのかもしれない。しかし、近代日本と中国の間断なき対立の歴史はそれを許さなかった。日中間のさまざまな出来事のたびに、つねにネガティブ感情が喚起《かんき》され続けてきた。

これを解決するには、時間の経過による忘却以外に何かあるのだろうか。戦後日本は、外務省による「支那の呼称を避けることに関する件」を皮切りに、各種メディアや教育の現場において、「支那」に代わって「中国」という呼称を統一的に使用することとした。これは一つの施策とも言える。たしかに、相手が嫌がる呼称を使い、冷静な議論などできようはずもない。しかし、「支那」呼称を止めたからといって、ネガティブ感情が一新されるほど単純ではない。

今後のよりよい日中関係を考えていくうえで、相手国への感情の歴史的変遷を知っておくことは決して無駄ではない。相手国に抱いている感情は、歴史の積み重ねのなかから生まれているからだ。戦後日本の対中感情については、さまざまな世論調査研究があるが、数値化された「親しみがある・ない」の内実は、もちろん同時代の政治・経済的影響が強いだろうが、それだけではないことを、本書が示した対中感情の軌跡が示唆すると思っている。

あとがき

「あなたのやっている研究は意味がない。少年雑誌に掲載されていたのは、ただのプロパガンダだ」。とある研究発表会で、ご年配の方からそのようなコメントをもらったことがある。その研究発表会では、私の発表の後に、記念講演として著名な人類学者の先生を呼んでいて、一般来場者の方が多かった。普段の学会発表では、厳しい意見は飛んでくるが、研究そのものを否定されることはなかったので、正直大きなショックを受けた。

ただ、後々になって考え直してみると、私はその研究発表会で、「戦争と対中感情」の話しかしなかった。史料が目に見えて多くなることから、ついつい日中間の戦争（日清戦争や日中戦争など）のみにスポットを当ててしまう。反省点だと思った。また、多くの時間を費やした自身の研究が否定されてショックであったように、私の研究自体にショックを受ける人もいるのだと気づかされた。長らく生きてきた愛着ある日本を、あるいは尊敬してきた先人たちを、貶《けな》されているように感じる人がいることを、私はようやく自覚できたのである。

また、本書の内容は、そういった方々以上に、中国の人々に強い不快感を与えるものだろう。日本人にも中国人にもショックを与えるような歴史をわざわざ掘り起こしているようにも思われるかもしれない。しかし、目を背けたくなるような表現をオブラートにつつんだところで、決して問題の解決にはならない。臭い物に蓋《ふた》をするような姿勢は一見穏便に見えるが、「日本人は差別をしない」といったような、ネット空間を中心に語られる歪《ゆが》んだ歴史認識を助長してしまう恐れがある。

過去を正確に把握し、よりよい未来を展望することこそ、歴史学の重要な役割である。近代日本の負の側面を直視することは、今後のよりよい日中関係を考えるうえでも必要不可欠な作業となるはずだ。人々が歴史に正面から向き合うことで、その歴史的教訓を理解し、相互に寛容の心と信頼の気持ちが生まれてくる。

懸念するのは、本書の印象的あるいは象徴的なビジュアル史料だけが切り取られ、現代における中国人への差別と偏見が助長されてしまうことだ。本書で描かれていた中国人は、近代日本人の一方的な評価である。近代日本の多くのメディアが中国人をネガティブに描き、語り続け、中国人全体に妥当する普遍的事実であるかのような印象を一般に与えていた。それが学齢期の子どもたちが読む少年誌でも語られ、民衆感情に影響を与えていた。相手の姿をどう見るかは、自分の姿の反映でもある。本書がわれわれ日本人自身を省みる一助となることを願ってやまない。

*

本書に至るまでの私の対中感情研究は、高校時代に「南京事件（南京虐殺）」に興味をもったことがそもそもの出発点である。インターネットがいまほど普及していなかった当時、南京事件を否定する言説が高校生でも気軽に読める漫画媒体で広まっていた。

高校の日本史の授業で南京事件を学ぶ一方で、友人から「南京虐殺なんて嘘っぱちだ」と聞かされた私は大いに頭を悩ませた。何となく「それは違うのではないか」と思いつつも、明確に反論できない歯がゆさがあった。もともと日本史が好きだったので、大学も日本史が学べる所に行きたいと漠然と考えていたが、右のような出来事があったからか日本近現代史に強い興味関心を持った。

その後、日本史専攻があった地元の横浜市立大学に入学することになるのだが、そこで古川隆久先生に出会えたことは人生最大のターニングポイントになった。南京事件を研究したいと言った怖いもの知らずの私に、一から丁寧に歴史学研究の方法を教えてくださり、大学院でもお世話になることになった。私が少年雑誌を史料として着目できたのは、文化史にも造詣が深い古川先生の弟子だったからに他ならない。

大学時代、吉田裕さんの『天皇の軍隊と南京事件』（青木書店、一九八六年）や藤原彰さんの『南京の日本軍』（大月書店、一九九七年）、笠原十九司さんの『南京事件』（岩波書店、一九九七年）などの南京事件関連の研究を読むなかで、虐殺の要因としての「中国人に対する侮蔑意識」「アジア諸国にたいする差別観念」「日本兵の意識の奥にあった中国人差別・蔑視観」の存在を知り、大学院以降は日本人の中国観研究にのめり込んでいった。

近代日本の中国観研究は、本書「はじめに」でも述べたように、安藤彦太郎さんの『日本人の中国観』（勁草書房、一九七一年）、野村浩一さんの『近代日本の中国認識』（研文出版、一八九一年）、子安宣邦さんの『日本人は中国をどう語ってきたか』（青土社、二〇一二年）、小島晋治さんの『近代日中関係史断章』（岩波書店、二〇〇八年）、松本三之介さんの『近代日本の中国認識』（以文社、二〇一一年）など、膨大な先行研究の蓄積がある。

近年もなお、岡本隆司さんの『近代日本の中国観』（講談社、二〇一八年）や小野寺史郎さんの『戦後日本の中国観』（中央公論新社、二〇二一年）など多くの書籍が刊行されており、ホットな研究テーマであり続けている。

諸先生方が明らかにしてきた知識人層の中国認識の様相に多くを学びつつも、私が追及したかったのは一般の人々の感情レベルの中国観だった。知識人層ではなく民衆レベルに着目していたのは、もちろん私だけでなく、同年代では青木然さんがおり、大変心強かった。

また、思想ではなく感情に着目し、自身の論文タイトルでも「中国観」から「対中感情」へと用語を変えたのは、二〇一〇年代の歴史学界で「感情史」が注目されていたことが大きい。

森田直子さんの「感情史を考える」（『史学雑誌』一二五編三号、二〇一六年三月号）などの一連の論考に加え、大学院時代とくにお世話になっていた有山輝雄先生の「感情のメディア史への提言」（『メディア史研究』二七号、二〇一〇年三月号）に大きな刺激を受けた。兄弟子の町田祐一さんに誘われ参加したメディア史研究会での出会いが、メディア史を軸にしたいまに至る私の研究を形作ったといえる。メディアを用いた対外観研究をすでに行っていた片山慶隆さんに出会ったのもメディア史研究会で、いまなお「近代日本メディア研究会」でお世話になり続けている。また、『メディア史研究』に拙著書評を書いてくださった平山昇さんは、少年雑誌に注目する意義を的確に言語化して私に示してくださった恩人である。

以上のような経緯を経て、メディアの一つである少年雑誌に着目した中国観（対中感情）研究を現在に至るまで進めてきた。明治編、大正編、昭和戦前編と発表してきた論文の一つひとつを、ビジュアル史料を中心に「近代日本」としてまとめた集大成が本書となる。当然ではあるが、近代日本のメディアは少年雑誌だけではない。本書で紹介してきた映画や大人向けの新聞・雑誌以外にも、講談や演劇、ラジオなどさまざまなメディアが存在している。さらには近代日本で流行していた中国料理や麻雀、中国服なども当時の対中感情を考えるうえで見逃せない。同じことの繰り返しにならないように注意しつつも、対中感情に関する網羅横断的な検討は今後も続けていきたい。

＊

これまで「市井の人々（一般民衆）」を研究対象としてきたこともあり、研究者以外の方にも自身の研究成果を伝えたいと前々から強く思っていた。少年雑誌などを史料にしているので、歴史学の興味関心の入り口としてわかりやすいのではないか、とも思っていた。

私の前著『明治期日本における民衆の中国観』（芙蓉書房、二〇一四年）は、博士論文に手を入れた専門書だった。その刊行から少し経って、芙蓉書房の平澤公裕さんから、小学館の相賀昌宏さんに本をお褒めいただいているとご連絡があった。

相賀さんは私の本が学術書ゆえに高価（三七〇〇円）で発行部数も少ないことに触れつつ、「どれだけ多くの人が手に取るのか。もちろん言論の自由ですから、さまざまに中国や韓国を批判する本が出てもいいでしょう。でも同時に日本人自身が、ちょっと見直そうよという本もあっていいと思うのです。実際にはいろいろな試みがあるにも拘わらず、部数が少ないために、大勢の人が読めない」「こういう本をなるべく読もうよと弊社の役員会でも既に話しています。今後は全社員にも言おうと思っています」（『梓会通信』第四二六号、二〇一四年九月発行）などと話されていた。

直接お会いしたことはないものの、相賀さんのお言葉に勇気をもらったことがいまなお私の研究の原動力だ。そして、学術書を刊行できただけでも幸運だったことに感謝しつつも、いつかはより多くの人に読んで貰える媒体で研究成果を還元したいと思っていた。

その念願かなって中公新書を出せたことは望外の喜びである。多くのご叱責《しっせき》はあるかと思うが、研究者としてより多くの人に研究成果を伝えることは続けていきたい。そしてそれが、今後の対外関係を考える際の一助になるのであればそれに勝る喜びはない。

今回、本書を出すことができてあらためて思ったことが、「しつこく」やり続けてきてよかったという点である。

大学院時代は、「近代日本の中国観（対中感情）の研究」という大枠のテーマのうち、明治編しか検討することができなかった。大学院終了後、大正・昭和編に取り組んでいたが、その際にさまざまなコメントやアドバイスを頂戴した。時には、「同じことの繰り返しではないか」といったご指摘も受けた。私としては、〝サラミ論文〟と言われるような粗製乱造を行っているつもりは決してなかったし、少年雑誌一つとっても、一本の論文にまとめられる史料量ではなかった。その他にも、現実問題として一つのテーマにこだわらず異なるテーマで論文を出していた方が就職に有利、といった面からご助言をいただいたこともあった。

それでも私は、対中感情で明治の続きがどうしてもしたかった。消化不良だったのだ。たしかに、同じことの繰り返しになってしまう結論もあったが、変わらないという事実もまた大事だと思った。今回、本にまとめるにあたって、あらためて一九世紀末の明治から一九三〇年代の昭和戦前期を見通すことになったが、それによって得られた所見も数多くあった。短期間ではなく長期間を見通すことで、対中感情の全体像がクリアになったことは、自分にとって何よりの成果だったと思う。

いつだったか、とある先生が、「よい意味で本当にしつこい研究をしている」とおっしゃってくださったことがあったが、それは自分にとって何よりの誉《ほ》め言葉だった。自分の師匠はもちろんのこと、前任の勤務校や現在の勤務校でも、私の研究を認めてくださる研究者の方々がいたことに、本当に救われてきた。人生が救われている、と言ってもまったく過言ではない。今回の新書の話も、中央公論新社の白戸直人さんが、これまでの研究に興味を持ってくださり、お声をかけてくださったことがきっかけである。感謝しかない。

初めて学術書を出版したのが、約一一年前になる。そのときの「あとがき」では、お世話になった先生方や両親に感謝を述べた。一〇年以上も経つと、感謝を述べたい方々はさらに増えた。お名前をすべて挙げることは控えさせてもらったが、受け身な私にお声がけしてくださる皆様、本当に感謝しています。また、実家の両親に加え、妻の両親をはじめとする家族・親族の応援は心の励みになった。特に、妻・愛美は本書の最初の読者であった。深夜遅くまで原稿を熟読し、コメントをくれた姿は忘れられない。本当にありがとう。

二〇二四年一一月　終戦八〇周年を前に

金山泰志

主要参考文献

青木然「小林清親『百撰百笑』における清国人像」『〈キャラクター〉の大衆文化――伝承・芸能・世界』KADOKAWA、二〇二一年
青木然「民衆の朝鮮認識を探る史料としての錦絵――壬午軍乱時の小林清親作品を中心に」『人文自然科学論集』一五〇号、二〇二二年
青木然「日露戦争関係の画報誌における東アジア表象とその受容」『人民の歴史学』二一四号、二〇一七年一二月
青木然「日本民衆の朝鮮観」『隣国の肖像――日朝相互認識の歴史』大月書店、二〇一六年所収
秋山正美『まぼろしの戦争漫画の世界』夏目書房、一九九八年
有山輝雄「感情のメディア史への提言――メディア史研究の方法を考える」『メディア史研究』二七号、二〇一〇年
安藤彦太郎『日本人の中国観』勁草書房、一九七一年
家永三郎『太平洋戦争』岩波書店、二〇〇二年
石子順『日本の侵略　中国の抵抗――漫画に見る日中戦争時代』大月書店、一九九五年

泉陽一郎「明治中期の子ども向け雑誌に描かれた〈中国偉人〉像の変遷——博文館発行『日本之少年』と『少年世界』を中心に」『児童文学論叢』一一号、二〇〇六年
磯部彰『旅行く孫悟空——東アジアの西遊記』塙書房、二〇一一年
入江昭編著・岡本幸治監訳『中国人と日本人——交流・友好・反発の近代史』ミネルヴァ書房、二〇一二年
岩橋郁郎『『少年倶楽部』と読者たち』刀水書房、一九八八年
上田信道「大衆少年雑誌の成立と展開——明治期「小国民」から大正期「日本少年」まで」『国文学』四六巻六号、二〇〇一年五月
上田信道「松山思水と「日本少年」」『国際児童文学館紀要』一三号、一九九八年三月
内田雅克『大日本帝国の「少年」と「男性性」——少年少女雑誌に見る「ウィークネス・フォビア」』明石書店、二〇一〇年
エズラ・F・ヴォーゲル著・益尾知佐子訳『日中関係史——1500年の交流から読むアジアの未来』日本経済新聞出版社、二〇一九年
遠藤早泉『現今少年読物の研究と批判』開発社、一九二二年
王暁秋著・小島晋治監訳『アヘン戦争から辛亥革命——日本人の中国観と中国人の日本観』東方書店、一九九一年
大谷正『日清戦争——近代日本初の対外戦争の実像』中央公論新社、二〇一四年
大谷正・福井純子編『描かれた日清戦争——久保田米僊『日清戦闘画報』影印・翻刻版』創元社、二〇一五年
大平英樹編『感情心理学・入門』有斐閣、二〇一〇年

主要参考文献

岡村志嘉子「日清戦争を描いた雑誌――『日清戦争実記』と『日清戦争図絵』のビジュアル表現」『国立国会図書館月報』六一一、二〇一二年二月
岡本真一郎『悪意の心理学――悪口、嘘、ヘイト・スピーチ』中央公論新社、二〇一六年
岡本隆司『中国「反日」の源流』講談社、二〇一一年
岡本隆司『近代日本の中国観――石橋湛山・内藤湖南から谷川道雄まで』講談社、二〇一八年
小野寺史郎『戦後日本の中国観――アジアと近代をめぐる葛藤』中央公論新社、二〇二一年
笠原十九司『日中戦争全史〔上〕』高文研、二〇一七年
片山慶隆・山口航編『Q&Aで読む日本外交入門』吉川弘文館、二〇二四年
加藤謙一『少年倶楽部時代――編集長の回想』講談社、一九六八年
金山泰志『明治期日本における民衆の中国観――教科書・雑誌・地方新聞・講談・演劇に注目して』芙蓉書房、二〇一四年
金山泰志「大正・昭和期日本の中国教育と民衆の中国観」『日本歴史』八九三号、二〇二二年一〇月
金山泰志「日清戦争前後の日本の対朝鮮感情――少年雑誌を史料に」『同朋大学論叢』一〇六号、二〇二一年三月
金山泰志「昭和期の映画雑誌『キネマ旬報』から見る日本の中国観」『メディア史研究』四八号、二〇二〇年九月
金山泰志「一九三〇年代の『少年倶楽部』に見る日本の中国観」『メディア史研究』四五号、二〇一九年三月
金山泰志「昭和期の雑誌『キング』に見る日本の中国観」『同朋大学論叢』一〇四号、二〇一九年三月

金山泰志「大正期の映画受容に見る日本の中国観――映画雑誌を素材に」『ヒストリア』二五一号、二〇一五年八月
金山泰志「大正期の少年雑誌に見る日本の中国観――読者の生活にも注目して」『生活文化史』六六号、二〇一四年九月
上笙一郎・上田信道（解説・解題執筆）『小国民――解説・解題・総目次・索引』不二出版、一九九九年
川島真・服部龍二編『東アジア国際政治史』名古屋大学出版会、二〇〇七年
姜徳相編著『カラー版錦絵の中の朝鮮と中国――幕末・明治の日本人のまなざし』岩波書店、二〇〇七年
韓相一・韓程善著・神谷丹路訳『漫画に描かれた日本帝国――「韓国併合」とアジア認識』明石書店、二〇一〇年
貴志俊彦『帝国日本のプロパガンダ――「戦争熱」を煽った宣伝と報道』中央公論新社、二〇二二年
木村小舟『少年文学史――明治篇上巻』童話春秋社、一九四二年
木村小舟『少年文学史――明治篇下巻』童話春秋社、一九四九年
久保田善丈「欲望としての近代中国イメージ――『少年世界』『蒙学報』にみる「オリエンタリズム」の行方」『歴史評論』六三八号、二〇〇三年六月
久米依子「少女小説――差異と規範の言説装置」『メディア・表象・イデオロギー――明治三十年代の文化研究』小沢書店、一九九七年所収
胡垣坤他編・村田雄二郎・貴堂嘉之訳『カミング・マン――19世紀アメリカの政治風刺漫画のなかの中国人』平凡社、一九九七年
小島晋治『近代日中関係史断章』岩波書店、二〇〇八年

小松裕「近代日本のレイシズム――民衆の中国（人）観を例に」『文学部論叢』七八号、二〇〇三年三月
子安宣邦『「アジア」はどう語られてきたか――近代日本のオリエンタリズム』藤原書店、二〇〇三年
子安宣邦『日本人は中国をどう語ってきたか』青土社、二〇一二年
権田保之助『権田保之助著作集』第一巻、学術出版会、二〇一〇年
佐藤三郎『近代日中交渉史の研究』吉川弘文館、一九八四年
佐藤卓己『『キング』の時代――国民大衆雑誌の公共性』岩波書店、二〇〇二年
佐藤忠男「少年の理想主義について――「少年倶楽部」の再評価」『日本児童文学』二六巻七号、一九八〇年五月
さねとうけいしゅう『日中非友好の歴史』朝日新聞社、一九七三年
サム・キーン著、佐藤卓己・佐藤八寿子訳『敵の顔――憎悪と戦争の心理学』柏書房、一九九四年
佐谷眞木人『日清戦争――「国民」の誕生』講談社、二〇〇九年
芝原拓自「対外観とナショナリズム」『対外観』日本近代思想大系一二、岩波書店、一九八八年
清水勲『漫画の歴史』岩波書店、一九九一年
清水勲『ビゴーが見た日本人――諷刺画に描かれた明治』講談社、二〇〇一年
清水勲『ビゴー『トバエ』全素描集――諷刺画のなかの明治日本』岩波書店、二〇一七年
徐茜「日清戦争期の戯画が描いた中国」『人間文化』三六号、二〇一四年
杉並歴史を語り合う会・歴史科学協議会編『隣国の肖像――日朝相互認識の歴史』大月書店、二〇一六年
鈴木規夫編『イメージング・チャイナ――印象中国の政治学』国際書院、二〇一四年
滝澤民夫「日清戦争期の「豚尾漢」的中国人観の形成」『歴史地理教育』五七七号、一九九八年四月

滝澤民夫「日清戦争後の「豚尾漢」的中国人観の形成」『歴史地理教育』五六二号、一九九七年
武田雅哉『〈鬼子〉たちの肖像――中国人が描いた日本人』中央公論新社、二〇〇五年
谷崎潤一郎「老いのくりこと」『谷崎潤一郎全集』第二八巻、中央公論社、一九五七年
中国革命博物館『抗日戦争時期宣伝画』文物出版社、一九九〇年
続橋達雄『児童文学の誕生――明治の幼少年雑誌を中心に』桜楓社、一九七二年
ディラン・エヴァンズ著、遠藤利彦訳『感情』岩波書店、二〇〇五年
東田雅博『図像のなかの中国と日本――ヴィクトリア朝のオリエント幻想』山川出版社、一九九八年
鳥越信『日本児童文学』建帛社、一九九五年
中川未来『明治日本の国粋主義思想とアジア』吉川弘文館、二〇一六年
永嶺重敏『雑誌と読者の近代』日本エディタースクール、一九九七年
南雲大悟「『北京漫画』の日本表象とその暗示」『千葉大学人文社会科学研究プロジェクト報告書』二五〇、二〇一二年二月
並木頼寿『日本人のアジア認識』山川出版社、二〇〇八年
成田龍一『近代都市空間の文化経験』岩波書店、二〇〇三年
野村浩一『近代日本の中国認識――アジアへの航跡』研文出版、一九八一年
長谷川潮『子どもの本に描かれたアジア・太平洋――近・現代につくられたイメージ』梨の木舎、二〇〇七年
馬場公彦「辛亥革命を同時代の日本人はどう見たか――日本で発行された雑誌を通して」『アジア遊学』一四八号、二〇一一年一二月

原剛「日露戦争の影響——戦争の矮小化と中国人蔑視感」軍事史学会編『二〇世紀の戦争』錦正社、二〇〇一年所収
原田敬一『日清戦争』吉川弘文館、二〇〇八年
潘郁紅「日本大衆児童文学雑誌における視覚物語の様相——『少年倶樂部』（改『少年クラブ』）を中心に」『比較文學研究』八九号、二〇〇七年五月
平山昇「《書評》金山泰志『明治期日本における民衆の中国観』」『メディア史研究』三八号、二〇一五年九月
福井純子「おなべをもってどこいくの——日清戦争期の漫画が描いた清国人」『立命館大学人文科学研究所紀要』八二号、二〇〇三年一二月
藤本芳則「『少年世界』創刊時の視覚表現——『小国民』との相違からの考察」『国際児童文学館紀要』二三号、二〇一〇年
古川隆久『戦時下の日本映画——人々は国策映画を観たか』吉川弘文館、二〇〇三年
古川隆久『昭和史』筑摩書房、二〇一六年
松本三之介『近代日本の中国認識——徳川期儒学から東亜協同体論まで』以文社、二〇一一年
三谷博『明治維新を考える』岩波書店、二〇一二年
三谷博・張翔・朴薫編『響き合う東アジア史』東京大学出版会、二〇一九年
宮尾しげを『しげを漫画図鑑Ⅰ』かのう書房、一九八四年
村上由見子『イエロー・フェイス——ハリウッド映画にみるアジア人の肖像』朝日新聞社、一九九三年
森田直子「感情史を考える」『史学雑誌』一二五編三号、二〇一六年三月号

森田直子「歴史学は感情をどう扱うのか――罵りをめぐる感情史の一試論」『エモーション・スタディーズ』五巻1号、二〇二〇年三月
山根幸夫『大正時代における日本と中国のあいだ』研文出版、一九九八年
ヤン・プランパー著・森田直子監訳『感情史の始まり』みすず書房、二〇二〇年
吉田裕『日本人の戦争観――戦後史のなかの変容』岩波書店、一九九五年
若林悠編著『風刺画が描いたＪＡＰＡＮ――世界が見た近代日本』国書刊行会、二〇二一年

金山泰志（かなやま・やすゆき）

1984（昭和59）年神奈川県生まれ．2007年横浜市立大学国際文化学部日本アジア文化学科卒業．13年日本大学大学院文学研究科日本史専攻博士後期課程修了．博士（文学）．日本学術振興会特別研究員，18年同朋大学文学部専任講師，同准教授を経て，24年より横浜市立大学国際教養学部准教授．専攻・日本近現代史

著書『明治期日本における民衆の中国観』（芙蓉書房出版，2014年）

共著 三谷博他編『響き合う東アジア史』（東京大学出版会，2019年）

森覚・大澤絢子編『読んで観て聴く近代日本の仏教文化』（法藏館，2024年）他多数

論文「近代日本の麻雀受容と日本人の対中国感情」『風俗史学』（2022年3月）

「近代日本の中国料理受容と対中感情」『日本史研究』（2022年7月）他多数

近代《きんだい》日本《にほん》の対中国《たいちゅうごく》感情《かんじょう》

中公新書 *2842*

2025年２月25日発行

著　者　金山泰志

発行者　安部順一

本文印刷　暁印刷

カバー印刷　大熊整美堂

製　本　小泉製本

発行所　中央公論新社

〒100-8152

東京都千代田区大手町1-7-1

電話　販売 03-5299-1730

編集 03-5299-1830

URL https://www.chuko.co.jp/

Published by CHUOKORON-SHINSHA, INC.

Printed in Japan　ISBN978-4-12-102842-6 C1221